CATALOGUE DES LIVRES

BIEN CONDITIONNÉS

DU CABINET DE FEU M. DE MONTRÉAL,

Dont la Vente se fera le mercredi 1ᵉʳ septembre 1819, et jours suivans, à six heures très-précises de relevée, en l'une des Salles de l'Hôtel de Bullion, rue J. J. Rousseau, n° 3.

Les Adjudications seront faites par M. BENOU, Commissaire-Priseur, rue Taranne, n° 11.

A PARIS,

Chez DE BURE frères, Libraires du Roi et de la Bibliothéque du Roi, rue Serpente, n° 7.

1819.

ORDRE DES VACATIONS.

On pourra voir les Livres tous les jours, depuis une heure jusqu'à trois.

Tous les Livres seront vendus pour complets. On pourra les collationner pendant les deux heures d'exposition ; mais une fois sortis de la Salle de Vente, on ne les reprendra sous aucun prétexte.

Les articles rares et précieux, etc. qui se trouveroient dans les 25 premiers numéros de la vacation, seront vendus à la fin.

Les Livres seront exposés dans l'ordre qui suit :

Première vacation, le mercredi 1er septembre 1819.

Théologie, nos	1— 17
Belles-Lettres	93—110
Histoire	201—257

2e vacation, jeudi 2.

Théol. et Jurisprud.	18— 31
Histoire	258—317
Belles-Lettres	111—128

3e vacation, vendredi 3.

Sciences et Arts	32— 48
Belles-Lettres	129—146
Histoire	318—374

4e vacation, samedi 4.

Sciences et Arts	49— 65
Belles-Lettres	147—164
Histoire	375—431

5e vacation, lundi 6 septembre.

Sciences et Arts	66— 82
Belles-Lettres	165—182
Histoire	432—488

6e vacation, mardi 7.

Sciences et Arts	83— 92
Histoire	489—553
Belles-Lettres	183—200

7e vacation, mercredi 8.

Histoire	626—646
	554—625

8e et dernière vacation, jeudi 9.

Histoire	647—688
Le Supplément	1— 51

1. Of.   le maroquin des volumes est taché
            plus ou moins a chaque volume, mais
            il n'y a rien dans l'intérieur.

2. Rol.   Cassette.

3. Rol.

                                             pobry.

5. C. Of. Rol.

CATALOGUE
DES LIVRES

DE FEU M. DE MONTREAL.

THÉOLOGIE.

1. LA Sainte Bible, trad. en françois par de Sacy, et ornée de 3oo figures, d'après les dessins de Marillier. *Paris*, 1789, 12 *vol. in-8. m. puce*, *dent.*

2. Conjectures sur les Mémoires originaux dont il paroît que Moyse s'est servi pour composer le livre de la Genèse, (par J. Astruc.) *Bruxelles*, 1753, *in-12. v. m.*

3. Traité de la situation du Paradis terrestre, par Huet. *Paris*, 1691, *in-12. v. m.* = Traités géographiques et historiques pour faciliter l'intelligence de l'Écriture sainte. *La Haye*, 1730, 2 *vol. in-12. v. porph.*

4. La République des Hébreux, (trad. du latin de P. Cuneus, par Goerée,) et les Antiquités judaïques, par Basnage. *Amst.* 1705, 5 *vol. in-8. fig. v. f.*

5. Dissertation sur les Tremblemens de terre et les éruptions de feu, qui firent échouer le projet de l'empereur Julien de rebâtir le temple de Jérusalem, traduite de l'anglois de Warburton. *Paris*, 1754, 2 *vol. in-12. v. m.*

A

6. Explication des Cérémonies de la Fête-Dieu, d'Aix en Provence. *Aix*, 1777, *in-*12. *fig. v. m.*

7. La Cité de Dieu de Saint-Augustin, trad. en françois. *Paris*, 1675, 2 *vol. in-*8. *m. r. dent.* = Les Lettres du même, trad. en françois. *Paris*, 1684, 6 *vol. in-*8. *m. r. dent. l. r.*

8. Les Provinciales, (par B. Pascal.) *Amst.* 1735, 3 *vol. in-*12. *v. b.*

9. Pensées de Pascal. *Londres*, 1776, *in-*8. *v. éc.*

10. Traité de la Vérité de la religion chrétienne, par Abbadie. *Amst.* 1729, 3 *vol. in-*12. *v. j.*

11. L'Anti-Barbare, ou du Langage incogneu tant ès prières des particuliers qu'au service public, etc. par P. Du Moulin. *Sedan*, 1629, *in-*12. *v. b.*

12. Anatomie de la Messe, par P. Du Moulin. *Sedan*, 1636, *in-*8. *non relié.*

13. Histoire de l'Eucharistie, par M. Larroque. *Amst. Elzevier*, 1671, *in-*8. *v. f.*

14. Dispute de l'Eucharistie, par Dav. Derodon. *Genève*, 1655, *in-*8. *v. f.*

15. Dispute de la Messe, ou Discours sur ces paroles : *Ceci est mon corps*, par le même. *Genève*, 1662, *in-*8. *m. r.*

16. Réflexions curieuses d'un Esprit désintéressé sur les matières les plus importantes au Salut, par B. Spinosa, (trad. par de Saint-Glain.) *Cologne*, 1678, *in-*12. *v. m. avec les trois titres.* = Réfutation des erreurs de Spinosa, par de Fénelon, Lamy et de Boulainvilliers. *Bruxelles*, 1731, *in-*12. *v. m.*

17. La Religion du médecin, par Th. Brown. 1668, *in-*12. *vél.* = Les princesses Malabares, ou le Célibat philosophique, (par P. de Longue.) *Andrinople*, 1734, *in-*12. *v. f.*

18. Mélanges de Remarques critiques, histori-

6. Luc. i+

bonnard.
potey.
méquignon jr.

bonnard.

girodd.

idem

idem

idem

chimot.

20. Bou. 5 - 25 c.

24. Rol.

27. Of.

1 flût casé.

Chinot.

Meilhac.

Roannet.

Simonnet.

Roanact.

Lecant.

Mlle Dubray

Dabino

gab. warie

ques, etc. sur les dissertations de Toland, par Élie Benoist. *Delft*, 1712, *in-8. v. f.*

19. Discours sur la Liberté de penser, par Collins, trad. de l'angl. par de Crouzas. *Londres*, 1766, 3 *vol. in-12. bas.*

20. Discours sur les Miracles de Jésus-Christ, trad. de l'angl. de Woolston. 2 *vol. pet. in-8. v. f.*

21. Des Erreurs et de la Vérité, ou les Hommes rappelés au principe universel de la science, (par L. C. de Saint-Martin.) *Edimbourg*, 1782, 3 *vol. in-8. cart.*

22. L'Alcoran de Mahomet, trad. d'arabe en françois par Du Ryer. *La Haye*, 1685, *in-12. v. b.*

23. Le Coran, trad. de l'arabe par Savary. *Paris*, 1798, 2 *vol. in-8. cart. Gr. Pap. Vél.*

24. La Religion des Mahométans, trad. du latin de Reland. *La Haye*, 1721, *in-12. fig. v. m.*

25. Religion, ou Théologie des Turcs, par Echialle Mufti. *Bruxelles*, 1704, 2 *tom. en* 1 *vol. in-12. v. m.*

26. L'Ezour-Vedam, (par M. le baron de Sainte-Croix.) *Yverdon*, 1778, 2 *vol. in-12. v. m.*

27. Zoroastre, Confucius et Mahomet, comparés comme sectaires, législateurs et moralistes, par M. de Pastoret. *Paris*, 1787, *in-8. br.*

JURISPRUDENCE.

28. Taxe de la Chancellerie romaine, ou Banque du pape. *Rome*, 1744, *in-12. v. m.*

29. Recueil des principaux Traités d'alliance, de paix, etc. conclus par les puissances de l'Europe, depuis 1761 jusqu'à présent, par de Martens. *Gottingue*, 1791, 7 *vol. in-8. et* 2 *de supplément, v. b.*

3o. Droit maritime de l'Europe, par Azuni. *Paris*, 18o5, 2 *vol. in-8. br.*

31. La Constitution françoise de 1791. *Paris*, 1791, *in-12. m. r.*

SCIENCES ET ARTS.

Philosophie, etc.

32. Histoire critique de la Philosophie, par Deslandes. *Amst.* 1756, 4 *vol. in-12. v. éc.*

33. Théologie payenne, ou Sentimens des philosophes et des peuples payens les plus célèbres sur Dieu, sur l'âme, etc. par de Burigny. *Paris*, 1754, 2 *vol. in-12. v. m.* = Idée générale de la Théologie payenne, servant de réfutation au système de Bekker, etc. *Amst.* 1699, *in-12. br.*

34. Ocellus Lucanus et Timée de Locres, trad. par le marquis d'Argens. *Paris, an III*, 2 *vol. in-8. br.*

35. Dissertations de Maxime de Tyr, trad. du grec par Combes Dounous. *Paris*, 1802, 2 *vol. in-8. br.*

36. Les Hipotiposes, ou Institutions pirroniennes de Sextus Empiricus, trad. du grec. 1725, *in-12. v. j.* = Le Monde, son origine et son antiquité, (par Mirabaud.) *Londres*, 1751, 2 *tom. en* 1 *vol. in-8. v. f.*

37. Les Œuvres de Sénèque, trad. en françois par Lagrange. *Paris, an III*, 6 *vol. in-8. cart.*

38. Œuvres philosophiques d'Hemsterhuis. *Paris*, 1792, 2 *vol. in-8. br.*

39. Œuvres philosophiques de Hume, trad. de l'anglois. *Londres*, 1788, 7 *vol. in-12. br.*

30. fer.
31. fer.

32. of.

pillet.

Simonnet.

35. Lue.x†

Cailleau

Dufort.

chobée.

38. Dry.

P.

40. C.

Blanej̃
Caillcano

43. Lucidit

44 Crus.
45. Of.
46. Dry.

47. gro.

p

49. dry.

Simonact.

51. C.

40. Caractères de Théophraste, trad. du grec par Belin de Ballu. *Paris*, 1790, *in-8. br.*

41. Manuel d'Épictète, et Tableau de Cebès, trad. du grec. *Paris, an IV, 2 vol. in-18. cart. Pap. Vél.*

42. Réflexions morales de l'empereur Marc-Antonin, trad. par A. Dacier. *Paris*, 1691, 2 *vol. in-12. v. b.*

43. Maximes morales du duc de La Rochefoucauld, avec des observations de l'abbé Brotier. *Paris*, 1789, *in-8. v. f.*

44. Maximes et Réflexions morales du duc de La Rochefoucauld. *Paris, P. Didot aîné*, 1796, *in-12. m. bl. Pap. Vél. avec un portrait, gravé par Gaucher, avant la lettre.*

45. De la Sagesse, par P. Charron. *Leide, J. Elzevier, in-12. m. r.*

46. Les Mœurs, par Panage, (F. A. Toussaint.) Eclaircissement sur les Mœurs, par le même. *Amst.* 1762, 2 *vol. in-12. v. m.* = Lettre sur l'Homme et ses rapports, (par Hemsterhuis fils.) *Paris*, 1772, *in-12. v. ée.*

Politique, etc.

47. La Politique d'Aristote, trad. par Champagne. *Paris*, 1797, 2 *vol. in-8. cart. Pap. Vél.*

48. Idée d'une République heureuse, ou l'Utopie de Th. Morus, trad. par Gucudeville. *Amsterd.* 1730, *in-12. fig. v. f.*

49. Annales politiques, par l'abbé de Saint-Pierre. *Londres*, 1757, *in-8. v. f.*

50. Recherche des Principes de l'Économie politique, par Steuart, trad. de l'anglois. *Paris*, 1789, 5 *vol. in-8. br.*

51. De l'Économie politique et morale de l'espèce humaine, (par Herrenschwand.) *Londres*, 1796, 2 *vol. in-8. br. Gr. Pap.*

A 3

7--95 52. L'Administration du marquis de Pombal. *Amst.* 1786, 4 *vol. in*-8. *v. rac.*

2--- 53. La Science des Négocians, par de La Porte. *Bordeaux*, 1800, *in*-4. *br.* = Traité des Changes et des Arbitrages, par P. Senebier. *Paris, an v, in*-4. *v. éc.*

5--85 54. Bibliothéque commerciale, par Peuchet. *Paris,* 1802, 6 *vol. in*-8. *cart.*

1--75 55. Du Commerce des neutres en temps de guerre, par Peuchet. *Paris,* 1802, *in*-8. *br. Pap. Vél.*

7--50 56. Histoire raisonnée du commerce de la Russie, par J. B. Scherer. *Paris,* 1788, 2 *vol. in*-8. *v. éc.*

2--95 57. Tableau du Commerce de la Grèce, par Félix Beaujour. *Paris,* 1800, 2 *vol. in*-8. *br.*

58. Essai historique sur le Commerce et la Navigation de la mer Noire, (par M. Anthoine.) *Paris,* 1805, *in*-8. *br. Pap. Vél.*

5--95 59. De la Balance du commerce, par Arnould. *Paris,* 1791, 2 *vol. in*-8. *br. en cart.*

60. Dictionnaire des Arbitrages simples, etc. par Fr. Corbeaux. *Paris,* 1802, 2 *vol. in*-4. *v. éc.*

5--5 61. Traité des Arbitrages, par Ruelle. *Lyon,* 1793, *in*-8. *v. éc.* = Opérations des Changes, par le même. *Lyon,* 1799, *in*-8. *v. éc.* = Traité des Changes et Arbitrages, par Soulet. *Paris, an xii, in*-8. *v. éc.*

Métaphysique. Histoire naturelle, etc.

3--- 62. Traité des Extrêmes, ou Élémens de la science de la réalité, par Changeux. *Paris,* 1765, 2 *vol. in*-12. *bas.*

63. Essai sur les Erreurs populaires, trad. de l'angl. de Th. Brown. *Paris,* 1753, 2 *vol. in*-12 *cart.*

1--50 64. Discours et Histoires des spectres, visions, apparitions, etc. par P. Le Loyer. *Paris,* 1605, *in*-4. *parch.*

3--85 65. Recueil de Dissertations sur les apparitions,

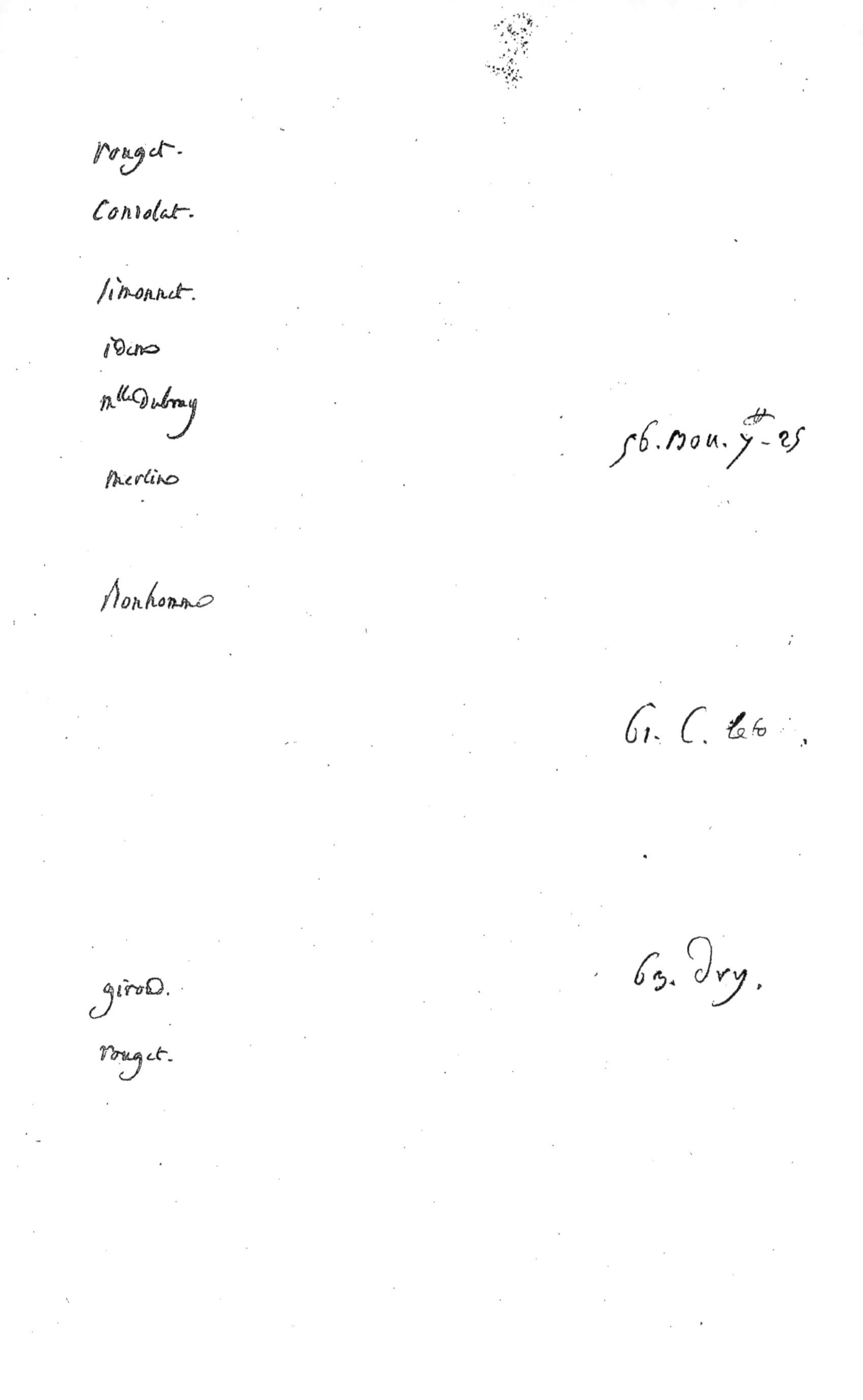

rouget.

Consolat.

Simonnet.

Ders

m^{lle} Dubray

Merlin

Bonhomme

56. Bou. y - 25

61. C. téo

63. dry.

girod.

rouget.

69. Dou. 3ᵃ - 25 C.

73. Dry. of.

allais.

Meilhac.

girod.

antoine

girod.

Simonnet.

antoine

Merlin

les visions et les songes, par Lenglet Du Fresnoy. *Paris*, 1751, 2 *vol. in-*12. *v. j.*

66. La Philosophie occulte de H. Corn. Agrippa, trad. du latin. *La Haye*, 1727, 2 *vol. in-*8. *fig. v. f. Gr. Pap.*   26--50.

67. De l'Ame des bêtes, (par A. Dilly.) *Lyon*, 1676, *in-*12. *v. b.* = Ame des bêtes, par l'abbé Guidi. *Paris*, 1782, *in-*12. *v. éc.*   1--70.

68. Essai philosophique sur l'âme des bêtes, (par Boullier.) *Amst.* 1737, 2 *vol. in-*12. *v. m.*   1--50.

69. Observations physiques et morales sur l'instinct des animaux, par H. S. Reimar. *Amst.* 1770, 2 *vol. in-*12. *cart.*   3--30.

70. Dictionnaire d'Histoire naturelle, par Favart d'Herbigny. *Paris*, 1775, 3 *vol. in-*8. *br.*

71. Histoire des anciennes Révolutions du globe terrestre, (trad. de l'allem. de Sellius.) *Paris*, 1752, *in-*12, *fig. v. m.* = Ordre naturel des oursins de mer et des fossiles, par Klein, trad. du latin. *Paris*, 1754, *in-*8. *fig. br.*   1--50.

72. Essai sur les usages des montagnes, avec une Lettre sur le Nil, par Bertrand. *Zuric*, 1754, *in-*8. *cart. Gr. Pap.*

73. Histoire des Phénomènes du Vésuve, par le P. Della Torre, trad. de l'italien. *Paris*, 1760, *in-*12. *fig. dem. rel.* = Histoire des Tremblemens de terre arrivés à Lima, etc. par Hales, trad. de l'angl. *La Haye*, 1752, *in-*12. *fig. v. m.*   4--20 ₰.

74. L'Histoire naturelle éclaircie dans une de ses parties principales, l'Oryctologie, par Dezallier d'Argenville. *Paris*, 1755, *in-*4. *fig. v. m.*   4--50.

75. Dictionnaire universel des Fossiles, par Bertrand. *La Haye*, 1763, 2 *vol. in-*8. *br.* = Théologie des insectes, par de Lesser, trad. de l'allemand. *La Haye*, 1742, 2 *vol. in-*8. *cart.*   1--50.

76. La Physique occulte, ou Traité de la Baguette divinatoire, par de Vallemont. *Paris*, 1696. =   1--95.

Lettres qui découvrent l'illusion des philosophes sur la Baguette. 1696, *in-12. vél.*

77. Méditations sur l'Origine des fontaines, l'eau des puits, et autres problèmes semblables, etc. par Kuhn. *Bordeaux*, 1741, *in-4. fig. v. m.*

78. Dissertation sur la Glace, ou Explication physique de la formation de la glace et de ses divers phénomènes, par Dortous de Mairan. *Paris*, 1749, *in-12, fig. v. m.* == Lettres philosophiques sur la Formation des sels et des cristaux, par Bourguet. *Amst.* 1729, *in-12. fig. v. b.*

79. Dictionnaire universel des Animaux, par La Chenaye des Bois. *Paris*, 1759, 4 *vol. in-4. v. m. Gr. Pap.*

80. L'Histoire naturelle éclaircie dans une de ses parties principales, l'Ornithologie, qui traite des oiseaux, etc. par Salerne. *Paris*, 1767, *in-4. fig. v. m.*

81. Histoire naturelle des Oiseaux d'Afrique, par F. Le Vaillant. *Paris*, 1798, *les livraisons* 1 *à* 24, *in-4. fig. coloriées.*

82. L'Histoire naturelle éclaircie dans une de ses parties principales, la Conchyliologie, ou Histoire des coquilles, etc. par Dezallier d'Argenville. *Paris*, 1757, *in-4. fig. v. m.*

83. Essai sur l'Histoire naturelle du Polype, insecte, par H. Baker, trad. de l'angl. *Paris*, 1744, *in-8. fig. cart.* == Mémoires pour servir à l'Histoire d'un genre de Polype d'eau douce, par Trembley. *Paris*, 1744, 2 *vol. in-12. fig. v. m.*

84. Introduction à l'Histoire naturelle et à la Géographie physique de l'Espagne, trad. de l'espagnol de Bowles. *Paris*, 1776, *in-8. v. m.*

85. Histoire des singularités naturelles d'Angleterre, d'Écosse et du pays de Galles, trad. de l'angl. de Childrey. *Paris*, 1667, *in-12. fig. vél.*

p.

allais.

Mlle Dubray

Coriolat.

Bacilhac.

mequignon j^r.

84. 0f.

85. 0f. Cru.

86. C.
87. C. lern.

pitoir.
idems

go. Wor.

91. Crus.

antoine

rouget.
girolo..

= Histoire naturelle du Cacao et du Sucre.. *Amst.* 1720, *in-12. fig. vél.*

86. Description physique de la Tauride, en russe. 1785, *in-fol. v. f.*

87. Description physique de la contrée de la Tauride, trad. du russe, (par le prince Gallitzin.) *La Haye*, 1788, *in-8. v. f.* = Tableau physique et topographique de la Tauride, par Pallas. *An VI, in-8. v. f.*

88. Histoire naturelle du Sénégal, par Adanson. *Paris*, 1757, *in-4. fig. cart.*

89. Traité des Eunuques, (par C. Ancillon.) 1707, *in-12. br.*

90. Journal historique très-abrégé de ce qui s'est passé de plus intéressant dans les armées suédoise, russienne et prussienne, depuis le mois de novembre 1757 jusqu'à la fin de 1758. *In-4. v. éc.*

Manuscrit sur papier, de 99 pages, d'une belle écriture.

91. Journal des Opérations militaires du siége et du blocus de Gènes, par P. Thiébault. *Paris*, 1801, *in-8. br.*

92. Critique historique, politique, morale et comique, sur les loteries, par Leti. *Amst.* 1697, 2 *vol. in-18. v. b.* = Dissertation théologique sur les loteries, (par l'abbé Christ. Coudrette.) 1742, *in-12. v. b.*

BELLES-LETTRES.

Grammaires , etc.

93. Histoire naturelle de la Parole, par Court de Gebelin. *Paris*, 1776, *in-8. fig. br.*

94. Le Jardin des racines grecques. *Paris*, 1783, *in-12. v. éc.*

95. Remarques de Vaugelas sur la langue françoise. *Paris*, 1738, 3 *vol. in-12. v. f.* = Remarques sur la langue françoise, par d'Olivet. *Paris,*
Barbou, 1783, *in-12. v. éc.*

96. Synonymes françois, par l'abbé Girard. *Paris,*
1780, 2 *vol. in-12. v. éc.*

97. Élémens de la Langue russe. *Saint-Pétersbourg,*
1791, *in-8. v. éc.* = Grammaire hollandoise de
Lagrue. *Amst.* 1762, *in-12. v. j.*

98. Élémens raisonnés de la langue russe, par
Maudru. *Paris*, an x, 2 *vol. in-8. br.*

Poètes de différentes nations.

99. Éloge de la ville de Moukden, poëme, par Kien-
Long, trad. par Amiot. *Paris*, 1770, *in-8. br.*

100. Œuvres d'Homère, trad. par Bitaubé. *Paris,*
Didot, 1787, 12 *vol. in-18. fig. m. citr. Pap. Vél.*

101. L'Iliade, trad. en françois, (par M. Le Brun.)
Paris, 1776, 3 *vol. in-8. v. éc.*

102. Hymnes de Callimaque, en grec, avec une
version françoise et des notes, (par de La Porte
Du Theil.) *Paris, I. R.* 1775, *in-8. br.*

103. Théâtre de Sophocle, trad. en françois, par
de Rochefort. *Paris*, 1788, 2 *vol. in-8. cart.*
Gr. Pap.

104. Théâtre d'Aristophane, avec les fragmens de
Ménandre et de Philemon, trad. par Poinsinet
de Sivry. *Paris*, 1790, 4 *vol. in-8. cart.*

105. Les Poésies d'Horace, en latin et en françois,
trad. par Sanadon. *Amst.* 1756, 8 *vol. in-12. v.*
m. Gr. Pap.

106. Les Comédies de Térence, en latin et en françois, trad. par madame Dacier. *Rotterdam*, 1717,
3 *vol. in-12. fig. non rel.*

107. Fables de La Fontaine, pour l'éducation du
dauphin. *Paris, Didot aîné*, 1789, 2 *vol. in-8.*
br. en cart. Pap. Vél.

Chabot

Le Roux

pillet.

p.

potry.

Duforges.

p.

porquet.

Duforges.

girold.

idem

100. 0f.

107. 0f.

108. Cauc. ii+   avec 2 forts raccommodages   malafait.

                                                     mcquignon jr.

                                                     giraud.

                                                     p.

                                                     truchy

                                                     Simonnet.

                                                     Le Roux

                                                     Kilian

                                                     antoine

114. Of.
~~f. gro~~

117. Crus.

108. Œuvres de Boileau Despréaux, avec les éclaircissemens de Brossette, et les remarques de Saint-Marc. *Paris*, 1747, 5 *vol. in-8. fig. v. m.*

109. Œuvres de Boileau. *Paris*, 1768, 3 *vol. pet. in-12. cuir de Russie.*

110. Le Vice puni, ou Cartouche, poëme, par Grandval. *Paris*, 1760, *in-8. fig. v. éc.* = Satyres du prince Cantemir, trad. du russe. *Londres*, 1750, *in-12. v. j.*

111. L'Art d'aimer, et poésies diverses de Bernard. *Gr. in-8. fig. cart.* = Oreste, par P. Dumesnil. *Paris*, 1804, *in-8. cart.*

112. Les Saisons, poëme, par Saint-Lambert. *Amst.* 1775, *in-8. fig. cart.*

113. La Conquête de Naples, par Charles VIII, poëme, (par P. P. Gudin.) *Paris*, 1801, 3 *vol. in-8. br.*

114. Les Jardins, poëme, par Delille. *Paris*, 1782, *gr. in-8. v. éc.*

115. Répertoire du Théâtre-François, publié par M. Petitot. *Paris*, 1803, 23 *vol. in-8. fig. v. éc.*

116. Recueil de Pièces de théâtre, dont : l'Assemblée, comédie, avec l'apothéose de Molière. 1773. = Le Centenaire de Molière, par Artaud. 1773. = Molière à la nouvelle salle. 1782. = La Maison de Molière, par Mercier. 1788, *in-8. v. éc.*

117. La Cour plénière, héroï-tragi-comédie, par l'abbé de Vermond. *Paris*, 1788. = Le Lever de Baville, drame héroïque. *In-8. v. éc.* = Theroigne et Populus, ou le Triomphe de la démocratie, et autres pièces. 1790, *in-8. v. éc.*

118. Le Théâtre et Œuvres diverses de P. Corneille. *Amst.* 1740, 6 *vol. pet. in-12. fig. m. cit.* = Le Théâtre de Th. Corneille. *Amst.* 1754, 5 *vol. pet. in-12. fig. m. cit.* = Commentaires sur le Théâtre de P. Corneille, par Voltaire. *Amsterd.* 1765, 2 *vol. pet. in-12. m. cit.*

110 — — 119. Théâtre de Pierre Corneille, avec les commentaires de Voltaire. 1764, 12 *vol. in-8. fig. v. f.*

15-15 120. Œuvres de Molière, avec des remarques par Voltaire. *Amst.* 1765, 6 *vol. pet. in-12. fig. v. f.*

64-50 121. Œuvres de Molière, avec des remarques grammaticales, par Bret. *Paris,* 1773, 6 *vol. in-8. fig. v. f.*

69--5 122. Le même ouvrage. 1773, 6 *vol. in-8. fig. v. éc.*

15-60 123. Œuvres de Racine. *Amst.* 1750, 3 *vol. in-12. fig. v. f.*

36-50 124. Œuvres de Jean Racine, avec des commentaires, par Luneau de Boisjermain. *Paris,* 1768, 7 *vol. in-8. fig. v. m.*

34--5 125. Œuvres de Jean Racine, imprimées pour l'éducation du dauphin. *Paris, Didot l'aîné,* 1784, 3 *vol. in-8. v. f. Pap. Vél.*

46 — — — 126. Œuvres complètes de J. Racine. *Paris, de l'imp. de Didot jeune,* 1796, 4 *vol. in-8. fig. v. f. dent. Pap. Vél.*

50--5 127. Œuvres de Jean Racine, avec des commentaires, par J. L. Geoffroy. *Paris,* 1808, 7 *vol. in-8. fig. br. Pap. Vél.*

20 — — 128. Œuvres complètes de Crébillon. *Paris,* 1785, 3 *vol. in-8. fig. v. f. dent.*

18-95 129. Œuvres de Crébillon. *Paris, de l'imp. de Didot jeune,* 1797, 2 *vol. in-8. v. f. dent. Gr. Pap. Vél. fig. avant la lettre.*

14-95 130. Œuvres de Crébillon. *Paris, an VII,* 2 *vol. in-8. fig. v. f. Pap. Vél.*

17--5 131. Œuvres de Destouches. *Amst.* 1755, 5 *vol. pet. in-12. fig. m. orange.*

2-50 132. Le Congrès des bêtes, farce en deux actes. *Londres,* 1748, *in-8. v. f.*

22-80 133. Œuvres complètes d'Alexis Piron, publiées par Rigoley de Juvigny. *Paris,* 1776, 7 *vol. in-8. v. éc.*

le Roux.

giroud.

mequignon j^r.

aillard.

brunaud.

p.

pierre

halbout.

Laloy

truchy

antoine

p.

giroud.
Le Roux

gregoire pierre

135. Rol.

139. Luc. x+ Lie.

141. C.

le tome 5 gaté

147. Cos. 4º-50º C.

p-
antoine
Bonhomme

Rouannet.
Dalibon
Blaise je
Merlin

touchy
Cailleau
Simonnet.
Blaise je
Dalibon
cassette.

134. Œuvres complètes de P. L. De Belloy. *Paris,*
1787, 6 *vol. in-8. fig. v. f.*

135. Recueil des pièces de Théâtre de Dumaniant.
786, *in-8. v. éc.*

136. La Divine Comédie du Dante, l'Enfer, en
italien et en françois, trad. par Moutonnet
de Clairfons. *Paris,* 1776, *in-8. v. porph. Gr.
Pap. de Hollande.*

137. Jérusalem délivrée, trad. de l'italien du Tasse,
(par M. Le Brun.) *Paris,* 1774, 2 *vol. in-8. fig.
br. Gr. Pap.*

138. Aminta, di Torquato Tasso. *Crisopoli, (Parma,
Bodoni,)* 1796, *in-4. cart. Pap. Vél.*

139. La Lusiade de L. Camoens, trad. en françois,
(par de La Harpe.) *Paris,* 1776, 2 *vol. in-8. br.*

140. Les Saisons, poëme, trad. de l'anglois de
Thomson. *Paris, Didot jeune,* 1797, *in-8. cart.
Gr. Pap. Vél. fig. avant la lettre.*

141. Recueil de Comédies, en russe. 2 *vol. in-8.
v. éc.*

Mythologie. Facéties. Romans, etc.

142. Les Fables égyptiennes et grecques, avec le
Dictionnaire mytho-hermétique, par Pernety.
Paris, 1786, 3 *vol. in-8. br.*

143. L'Ane d'or d'Apulée, trad. en françois. *Paris,*
1736, 2 *vol. in-12. fig. v. éc.*

144. Œuvres de Rabelais. 1732, 5 *vol. in-8. fig. v.
b. Gr. Pap.*

145. Œuvres de maître François Rabelais, suivies
des remarques de Le Motteux. *Paris, Bastien,*
an VI, 3 *vol. in-4. fig. cart. Pap. Fin.*

146. Les cent Nouvelles Nouvelles. *Cologne,* 1701,
2 *vol. in-8. fig. v. b.*

147. Traité de l'Origine des romans, (par P. D.
Huet.) *Paris,* 1711, *in-12. v. b.* == De l'usage des

Romans, par Gordon de Percel, (Lenglet Du Fresnoy.) *Amst.* 1734, 2 *vol. in*-12. *v. b.*

148. Amours de Théagènes et Chariclée, histoire éthiopique, trad. du grec d'Héliodore. *Londres,* 1743, 2 *vol. in*-12. *fig. v. f.*

149. Les Amours d'Ismène et d'Isménias, trad. du grec d'Eustathe. *La Haye,* 1743, *in*-12. *fig. m. cit.*

150. Les Amours de Rhodante et de Dosicles, trad. du grec de Théodorus Prodromus. 1746, *in*-12. *cuir de Russie.*

151. Les Amours du chevalier de Faublas, par Louvet. *Paris, an* vi, 4 *vol. in*-8. *br.*

152. Les Aventures de Télémaque, par de Fénelon, pour l'éducation du Dauphin. *Paris, Didot l'aîné,* 1784, 2 *vol. in*-8. *br. en cart. Pap. Vél.*

153. Le même Télémaque. *Paris, Didot jeune,* 1790, 2 *vol. gr. in*-8. *br. en cart. Pap. Vél.*

154. Le Compère Matthieu, ou les Bigarrures de l'esprit humain, (par Du Laurens.) (*Paris,*) 1796, 3 *vol. in*-8. *cart. Pap. Vél.*

155. Le Diable Boîteux, par Le Sage. *Dijon,* 1797, 2 *vol. in*-8. *br. fig.*

156. Histoire de Gil Blas de Santillane, par Le Sage. *Paris, an* ix, 4 *vol. in*-8. *cart. Pap. Vél. fig. avant la lettre.*

157. Histoire de Marguerite de Valois, reine de Navarre, par mademoiselle de La Force. 6 *vol. in*-12. ═ Les Amours du grand Alcandre, par mademoiselle de Guise. 2 *vol. in*-12. ═ Le Prince de Condé, par Boursaut. 2 *vol. Paris, Didot aîné,* 1783, *en tout* 10 *vol. in*-12. *br. Pap. Fin.*

158. Lettres de Stéphanie, roman hist. (par Mme de Beauharnois.) *Paris,* 1778, 3 *vol. in*-8. *br. Gr. Pap.*

159. Lettres d'une Péruvienne, par madame de Grafigny. *Paris, Didot,* 1797, 2 *vol. in*-12. *Pap. Vél. avec les fig. doubles en noir et coloriées.*

meithac.

m^{lle} charpentier

rouget.

p.

giroãd.

p.

merlin

m^{lle} charpentier

p.

p.

150. dry.

152. of.

157. Bou. mi± 2

160. Crus. *

162. of.

m.lle charpentier

Couvard.

gâté par l'humidité.   p.

165. of.

simonnet.

LeRoy

Langlois.

mcolin

giraud.

160. Les mêmes, en français et en italien, trad. par Deodati. *Paris*, 1797, *in-8. m. cit. dent. Gr. Pap. Vél. fig. avant la lettre et eaux fortes.*

161. Lettres Persanes, par Montesquieu. *Paris*, 1795, 2 *vol. in-12. dem. rel. Pap. Vél.*

162. Sethos, histoire ou vie, par Terrasson. *Paris*, *l'an III*, 2 *vol. in-8. br.*

Critique, etc.

163. Réflexions critiques sur la Poésie et sur la Peinture, par Du Bos. *Paris*, 1755, 3 *vol. in-4. v. f. Gr. Pap.*

164. De la Décadence des Lettres et des Mœurs depuis les Grecs et les Romains jusqu'à nos jours, par Rigoley de Juvigny. *Paris*, 1787, *in-4. v. f. Gr. Pap.*

165. Essai sur le Génie original d'Homère, trad. de l'angl. de Wood. *Paris*, 1777, *in-8. br.* = Paroles mémorables recueillies par Gab. Brotier. *Paris*, 1790, *in-12. br.*

166. Études sur Molière, par Cailhava. *Paris*, 1802, *in-8. v. éc.* = Sentimens de Cléante sur les Entretiens d'Ariste et d'Eugène, par Barbier d'Aucour. *Paris*, 1776, *in-12. v. éc.*

167. Remarques sur les Tragédies de Jean Racine, par Louis Racine. *Amst.* 1752, 3 *vol. in-12. v. éc.*

168. Le Chef-d'œuvre d'un inconnu, par Themiseul de Saint-Hiacinthe. *La Haye*, 1744, 2 *vol. in-12. v. b.*

169. Apologie pour Hérodote, ou Traité de la conformité des Merveilles anciennes avec les modernes, par H. Estienne, avec les remarques de Le Duchat. *La Haye*, 1735, 3 *vol. in-12. cart. non rogné.*

170. Essai sur l'Histoire naturelle de quelques moines, décrits à la manière de Linné. 1784,

in-8. *fig. v. éc.* = Essai philosophique sur le Monachisme. *Paris*, 1775, *in*-8. *br.*

171. L'Éloge de la Folie, trad. du latin d'Erasme, par Gueudeville. 1751, *in*-4. *fig. v. f.*

172. Eloge de l'Enfer. *La Haye*, 1759, 2 *vol. in*-12. *v. m.*

173. Dissertation sur la prééminence des chats, dans la société, sur les autres animaux d'Égypte. *Rotterd.* 1741, *in*-8. *br.* = Histoire des Rats, pour servir à l'Histoire universelle. 1738, *in*-8. *br.*

174. Essai historique, critique, etc. sur les Lanternes, leur origine, etc. (par Dreux du Radier.) *Dole*, 1755, *in*-12. *br.*

175. Pensées et Maximes de J. B. de La Borde. *Paris*, 1802, *in*-12. *br. Pap. Vél.*

176. Hiéroglyphes dits d'Horapolle, trad. du grec, par Requier. *Paris*, 1779, *in*-12. *v. m.*

Polygraphes, etc.

177. Lucien, de la traduction de Perrot d'Ablancourt. *Amst.* 1712, 2 *vol. in*-12. *fig. m. r.*

178. OEuvres de Lucien, trad. du grec par Belin de Ballu. *Paris*, 1789, 6 *vol. in*-8. *br. en cart.*

179. Essais dans le goût de ceux de Montaigne, (par d'Argenson.) *Amst.* 1785, 2 *vol. in*-8. *v. rac.*

180. OEuvres de Boullanger. *Paris*, 1792, 8 *vol. in*-8. *br.*

181. Théâtre et autres œuvres de C. P. Colardeau. *Paris*, 1784, 2 *vol. in*-8. *fig. v. f. dent. Gr. Pap.*

182. Œuvres de Condillac. *Paris*, 1798, 23 *vol. in*-8. *br.*

183. Œuvres de Dumarsais. *Paris*, 1797, 7 *vol. in*-8. *br.*

184. Œuvres complètes de mesdames de La Fayette et de Tencin. *Paris*, 1804, 5 *vol. in*-8. *br.*

185. Œuvres de Gresset. *Paris, Bleuet,* 1803, 3 *vol.*

p.

giraud.

173. Cou.

merlin

merlin

175. C.
176. Rol.

177. Lie.

M.lle charpentier.

179. Bou. 8 - 25 C.

Rey

henon

182. Of.

Kilian

183. Of.

p.

187. Luc. æ[+]   p.
                                  Crozet.
188. of.

                                  p.
190. Crus.

191. of.
                                  Dalibon

                                  p.
                                  Leloy
195 m[me] Darn. amz[+]   Leclere du boulevard.

                                  Rouget.
                                  potry
                                  p.
                                  Louvard.
200. Bou. 6[t]-25[c]. cos. 7[t]-50[c]   antoine

                                  flamand.

*in-*12. *fig. m. orange. Pap. Vél. avec les figures
doubles en noir et coloriées.*

186. Œuvres complètes d'Helvétius. *Paris*, 1795,
5 *vol. in-*8. *cart.*

187. Œuvres de Louis XIV. *Paris*, 1806, 6 *vol.*
*in-*8. *br.*

188. Œuvres complètes de Mably. *Paris*, 1794,
15 *vol. in-*8. *br.*

189. Œuvres du duc de Nivernois. *Paris*, 1796,
8 *vol. in-*8. *br. Pap. Vél.*

190. Les Œuvres de madame Roland. *Paris, an VIII,*
3 *vol. in-*8. *br.*

191. Œuvres de J. J. Rousseau. *Paris*, *Poinçot,*
1788, 39 *vol. in-*8. *fig. br. en cart. Pap. Vél.*

192. Œuvres complètes de M. de Saint-Foix. *Paris,*
1778, 6 *vol. in-*8. *br. en cart.*

193. Œuvres de M. de Saint-Marc. *Paris*, 1781,
3 *vol. in-*8. *v. éc.*

194. Œuvres de Saint-Réal. *Amst.* 1740, 6 *vol.*
*in-*12. *fig. v. f.*

195. Œuvres complètes de Voltaire. *Kehl*, 1785,
70 *vol. in-*8. *br. Gr. Pap. Vél.*
Il y a 31 vol. de gâtés par l'humidité.

196. Recueil de quelques Ouvrages de M. Watelet.
Paris, 1784, *in-*8. *v. éc. Gr. Pap.*

197. Œuvres posthumes de Frédéric II, roi de
Prusse. *Berlin*, 1788, 15 *vol. in-*8. *v. f.*

198. Œuvres complètes d'Alex. Pope, trad. de l'anglois. *Paris*, 1779, 8 *vol. in-*8. *fig. v. éc.*

199. Les véritables Lettres d'Abailard et d'Héloïse.
Paris, 1723, 2 *vol. in-*12. *m. v.*

200. Les Soirées provençales, ou Lettres de M. Bé-
renger, écrites à ses amis. *Paris*, 1786, 3 *vol.*
*in-*12. *v. éc.*

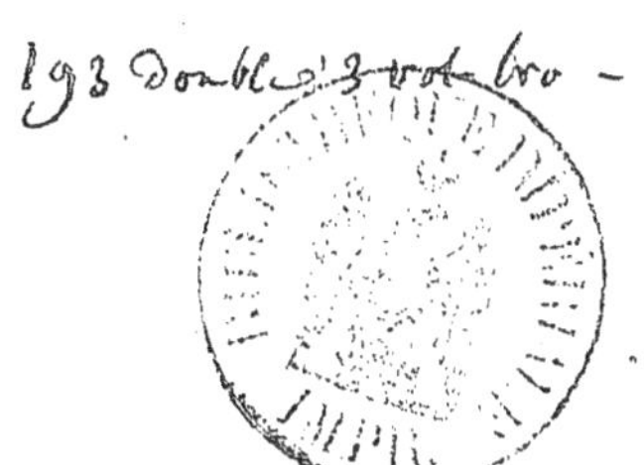

HISTOIRE.

Géographie.

201. Lettres sur l'Histoire, par lord Bolingbroke, trad. de l'anglois. 1752, 2 *vol. in-8. v. m.*

202. Géographie des Grecs, analysée, par M. Gossellin. *Paris,* 1790, *in-4. fig. cart.* == Recherches sur la Géographie systématique et positive des anciens, par le même. *Paris,* 1798, *les tomes* 1 *et* 2 *in-4. fig. cart.*

203. Description géographique du golfe de Venise et de la Morée, par Bellin. *Paris,* 1771, *in-4. fig. v. éc.*

204. Description géographique et historique de l'isle de Corse, par Bellin. *Paris,* 1769, 2 *vol. in-4. v. éc. dont* 1 *de planches.*

205. Essai géographique sur les isles Britanniques, par Bellin. *Paris,* 1757, *in-4. fig. v. éc.*

206. Mémoires historiques et géographiques sur les pays situés entre la mer Noire et la mer Caspienne, par MM. de Sainte-Croix et Barbié Du Bocage. *Paris,* 1797, *in-4. fig. v. porph.*

207. Géographie physique de la mer Noire, par Dureau de Lamalle. *Paris,* 1807, *in-8. fig. v. f.*

208. Découvertes des François en 1768 et 1769 dans le sud-est de la Nouvelle-Guinée, par de Fleurieu. *Paris, I. R.* 1790, *in-4. fig. v. f.*

209. Description géographique de la Guyane, par Bellin. *Paris,* 1763, *in-4. fig. v. éc.*

210. Description géographique des isles Antilles, possédées par les Anglois, par Bellin. *Paris,* 1758, *in-4. fig. v. éc.*

211. Description des Débouquemens qui sont au

Simonnet.

p.

p.

Mlle Dubray

la meme

chez Dentu

201. fer. Rol.

206. C. fer. gro.

207. mou. 4-25 N.

208. gro.

209. fer.

p.

les portes n'y sont pas.   pierre.

                                             truchy.

215. goe. mh+

                                             pierre

                                             idem

                                             Cailleau

L'atlas taché de pourriture   Simonnet.

                                             porquet.

                                             potey.

                                             Simonnet.

nord de Saint-Domingue. *Versailles*, 1773, *in-4. fig. v. éc.*

212. Atlas universel, par Robert de Vaugondy. *Paris*, 1757, *in-fol. v. m. Gr. Pap.*
Il contient 108 cartes.

213. Le petit Atlas maritime, ou Recueil de cartes et plans des quatre parties du monde, par N. Bellin. *Paris*, 1764, 5 *vol. gr. in-4. v. éc. avec les cartes coloriées.*

214. Routier des côtes des Indes orientales et de la Chine, par D'Après de Mannevillette. *Paris*, 1745, *in-4. v. m.*

215. Atlas de la Russie en 45 cartes, en russe. *Saint-Pétersbourg*, 1792, *in-4. obl. bas.*

VOYAGES.

Voyages autour du monde, etc.

216. Voyage de Néarque, des bouches de l'Indus jusqu'à l'Euphrate, trad. de l'anglois de W. Vincent. *Paris, an VIII, in-4. fig. cart.*

217. Voyage autour du Monde, par de Bougainville. *Paris*, 1771, *in-4. fig. v. f.*

218. Voyage au cap de Bonne-Espérance, et autour du Monde, par And. Sparmann. *Paris*, 1787, 2 *vol. in-4. fig. cart.*

219. Voyage de La Pérouse autour du Monde, rédigé par Millet-Mureau. *Paris*, 1797, 4 *vol. in-4. et atlas in-fol. cart.*

220. Voyage autour du Monde en 1790-1792, par Et. Marchand, publié par C. P. Claret Fleurieu. *Paris, an VI*, 4 *vol. in-4. fig. dem. rel.*

221. Le même ouvrage. 4 *vol. in-4. fig. cart. Pap. Vél.*

222. Voyage de découvertes à l'Océan Pacifique du Nord et autour du Monde, par G. Van Couver,

en 1790-1795, trad. de l'anglois. *Paris*, 1800, 3 *vol. in-4. et atlas in-fol. cart.*
L'atlas est gâté par l'humidité.

7 - 5   223. Histoire des Navigations aux Terres Australes, par le prés. de Brosses. *Paris*, 1756, 2 *vol. in-4. v. m. Gr. Pap.*

2 - -   224. Relation de deux Voyages faits dans les Mers Australes et des Indes en 1771, etc. par de Kerguelen. *Paris*, 1782, *in-8. v. éc.*

4 - - -   225. Voyage au Pole boréal, fait en 1773, par C. J. Phipps, trad. de l'anglois. *Paris*, 1775, *in-4. fig. v. f.*

3 - 90   226. Histoire des Découvertes et des Voyages faits dans le Nord, par Forster, trad. de l'angl. *Paris*, 1788, 2 *vol. in-8. fig. v. j.*

7 - 5   227. Voyages de Pietro della Valle dans la Turquie, l'Egypte, la Palestine, etc. *Amst.* 1745, 8 *vol. in-12. v. m.*

3 - - -   228. Voyage de Paul Lucas, fait en 1714, dans la Turquie, l'Asie, etc. *Amst.* 1720, 2 *vol. in-12. fig. cart.*

36 - -   229. Voyage dans l'empire Othoman, l'Égypte et la Perse, par Olivier. *Paris, an ix,* 3 *vol. in-4. et atlas, v. porph.*

4 - 40   230. Voyage à la mer Rouge, sur les côtes de l'Arabie, en Egypte, etc. par Eyles Yrwin. *Paris*, 1792, 2 *vol. in-8. v. porph.*

3 - 30   231. Voyage de Constantinople à Bassora en 1781, par Sestini, trad. de l'italien. *Paris, an vi, in-8. v. porph.* = Voyage dans la Grèce asiatique, par le même. *Paris*, 1789, *in 8. v. porph.*

4 - 5   232. Voyage d'Italie, de Dalmatie, de Grèce et du Levant, par Spon et Wheler. *La Haye*, 1724, 2 *vol. in-12. fig. v. b.*

10 - -   233. Voyage de Shaw en Barbarie et au Levant, trad. de l'anglois. *La Haye*, 1743, 2 *vol. in-4. fig. v. j.*

Merlin

Simonnet

malafait.

p.

Desforges.

p.

Simonnet.

poley.

p.

Simonnet.

Merlin

potey...

chinot.

malafait.

p.

potey.

Simonnet

240. C.

rouget.

martin

p.

234. Voyage de Saint-Pétersbourg dans diverses contrées de l'Asie, par d'Antermony, trad. de l'anglois. *Paris*, 1766, 3 *vol. in-12. v. m.* 2--50.

235. Journal du Voyage de Zouief, de Saint-Pétersbourg à Cherson, en 1781 et 1782, en russe. *Saint-Pétersbourg*, 1782, *in-4. fig. br. en cart.* 2.

236. Voyage en retour de l'Inde par terre, par Th. Howel, trad. de l'anglois. *Paris, an v, in-4. v. éc.* 3.

237. Voyage en Afrique et en Asie, principalement au Japon, pendant les années 1770-1779, par Thunberg, trad. du suédois. *Paris*, 1794, *in-8. v. m.* = Relation d'une Expédition à la baye Botanique. *Paris*, 1789, *in-8. v. éc.* 2--60.

238. Voyages de C. P. Thunberg au Japon, trad. par M. Langlès. *Paris*, 1796, 2 *vol. in-4. fig. cart. Pap. Vél.* 15.

239. Nouveau Voyage dans la Haute et Basse-Égypte, la Syrie, etc. fait en 1792-1798, par Browne, trad. de l'anglois. *Paris*, 1800, 2 *vol. in-8. fig. v. rac.* 9.

Voyages en Europe.

240. Voyage de deux François en Allemagne, Danemarck, Suède, Russie et Pologne, fait en 1790-1792, (par Fortia de Piles.) *Paris*, 1796, 5 *vol. in-8. v. j. Gr. Pap. Vél.* 24--95-b.

241. Relation de plusieurs Voyages faits en Hongrie, Servie, Bulgarie, etc. trad. de l'anglois de Brown. *Paris*, 1674, *in-4. fig. v. éc.* 1--80-b.

242. Relation d'un Voyage dans la mer du Nord, en 1767 et 1768, par de Kerguelen Tremarec. *Paris*, 1771, *in-4. fig. v. b.* 4--50.

243. Voyage de Vienne à Belgrade et à Kilianova, fait en 1768, etc. par Kleeman, trad. de l'allem. *Neuchâtel*, 1780, *in-8. v. éc.* 1--50.

244. Voyage dans les Pyrénées françoises. *Paris*, 3--20.

1789, *in-8. v. rac.* = Voyage en Espagne et en Portugal, dans l'année 1794, par Dalrymple, trad. de l'angl. *Paris*, 1783, *in-8. v. rac.*

245. Journal du Voyage de Michel de Montaigne, en Italie, avec des notes, par de Querlon. *Paris*, 1774, *gr. in-4. v. m.*

246. Voyage en Italie, par Duclos. *Paris*, 1791, *in-8. v. rac.*

247. Voyage de H. Swinburne dans les Deux-Siciles, trad. de l'anglois, (par J. B. de La Borde.) *Paris, Didot l'aîné*, 1785, 5 *vol. in-8. v. rac.* = Voyage en Espagne, par les mêmes. *Paris, Didot l'aîné*, 1787, *in-8. v. rac. Pap. d'Annonay.*
Les tomes 1 et 2 sont tachés d'humidité.

248. Voyage en Allemagne du baron de Risbeck, trad. de l'anglois. *Paris*, 1788, 3 *vol. in-8. v. éc.*

249. Lettres écrites de la Suisse, en 1781, (par J. B. de La Borde.) *Paris*, 1783, 2 *vol. gr. in-8. v. porph. Pap. d'Annonay.*

250. Voyage de De Mayer en Suisse, en 1784. *Paris*, 1786, 2 *vol. in-8. v. porph.*

251. Voyage dans les treize Cantons suisses, les Grisons, etc. par Robert. *Paris*, 1789, 2 *vol. in-8. v. éc.*

252. Nouveau Voyage en Espagne, en 1777 et 1778, (par Peyron.) *Paris*, 1782, 2 *vol. in-8. v. rac.*

253. Nouveau Voyage en Espagne, (par Bourgoing.) *Paris*, 1789, 3 *vol. in-8. fig. v. j.*

254. Voyage en Portugal et en Espagne, fait en 1772 et 1773, par Twiss, trad. de l'angl. *Berne*, 1776, *in-8. v. rac.*

255. Voyage du duc du Châtelet en Portugal. *Paris, an VI*, 2 *vol. in-8. fig. v. rac. Pap. Vél.*

256. Voyage en Portugal, fait en 1789 et 1790, par J. Murphy, trad. de l'anglois. *Paris*, 1797, 2 *vol. in-8. fig. cart. Gr. Pap.*

257. Voyage en Portugal, depuis 1797-1799, par

245. 0f.

simonnet.

loubard

p.

malafait.

p.

p.

p.

laloy.

malafait.

rouget.

giroud.

giroud.

257. 0f. cn

262. goe. ab⁺

263. C.

264. C.

267. Nol.

martin

chinot.

Desforget.

chinot.

merlin

giroud.

pillet.

p-

Link, trad. de l'allemand. *Paris*, 1805, 3 *vol. in-8. v. rac.*

258. Voyage en Islande, trad. du danois, par Gauthier de La Peyronie. *Paris*, 1802, 5 *vol. in-8. et atlas in-4. v. rac.*

259. Le même ouvrage. *Paris*, 1802, 5 *vol. in-8. et atlas in-4. v. porph. Pap. Vél.*

260. Voyage de Gmelin en Russie, en russe. *Saint-Pétersbourg*, 1771, 3 *part. en* 4 *vol. in-4. et atlas in-fol. obl. br. en cart. fig. coloriées.*

261. Voyage de P. S. Pallas en différentes provinces de l'empire de Russie, trad. de l'allemand, par Gauthier de La Peyronie. *Paris*, 1788, 5 *vol. in-4. et atlas, cart.*

262. Journal du Voyage de Lepekinn dans l'empire de Russie, en russe. *Saint-Pétersbourg*, 1795, 3 *vol. in-4. et atlas in-fol. obl. br. en cart. fig. coloriées.*

263. Voyage au lac de Ladoja, par Nic. Ozeretzkowsky, en russe. *Saint-Pétersbourg*, 1792, *in-8. v. éc.*

264. Voyage à Constantinople, en allemand. *Saint-Pétersbourg*, 1803, 3 *vol. in-4. et atlas in-fol. v. porph.*

265. Voyage littéraire de la Grèce, par Guys. *Paris*, 1783, 2 *vol. in-4. fig. v. f. Gr. Pap.*

266. Voyage en Grèce, fait en 1794 et 1795, par Scrofani. *Paris*, 1801, 3 *vol. in-8. v. f.*

267. Voyage de Dimo et Nicolo Stephanopoli en Grèce, en 1797 et 1798. *Paris, an VIII*, 2 *vol. in-8. fig. v. f. Gr. Pap. Vél.*

Voyages en Asie, etc.

268. Voyages faits principalement en Asie, dans les XIIe, XIIIe et XIVe siècles, etc. publiés par Bergeron. *La Haye*, 1736, 2 *vol. in-4. fig. v. j.*

269. Voyages dans l'isle de Chypre, la Syrie et la

Palestine, par Mariti, trad. de l'italien. *Paris*, 1791, 2 *vol. in*-8. *v. porph.*

270. Voyage d'Alep à Jérusalem, en 1697, par H. Maundrell, trad. de l'anglois. *Utrecht*, 1705, *in*-12. *fig. v. f.*

271. Voyage à l'isle de Sumatra, par W. Marsden, trad. de l'anglois. *Paris, an III*, 2 *vol. in*-8. *v. éc.*

272. Voyage en Sibérie, par Chappe. *Amst.* 1769, 6 *vol. in*-12. *fig. br.*

273. Atlas pour le Voyage en Sibérie de l'abbé Chappe, édition de Paris. 1 *vol. gr. in*-4. *br. en cart.*

274. Voyage du capitaine Sarytchef dans le nord-est de la Sibérie, etc. en russe. *Saint-Pétersbourg*, 1802, 2 *part. en* 1 *vol. in*-4. *br. en cart. et atlas in-fol. atlant.*

275. Voyage fait dans l'intérieur de l'Afrique, en 1795, etc. par Mungo Park, trad. de l'anglois. *Paris, an VIII*, 2 *vol. in*-8. *fig. cart. Gr. Pap. Vél.*

276. Voyage en Barbarie, pendant les années 1785 et 1786, par l'abbé Poiret. *Paris*, 1789, 2 *vol. in*-8. *v. j.*

277. Voyage en Nubie et en Abyssinie, par James Bruce, trad. de l'angl. par Castera. *Paris*, 1790, 6 *vol. in*-4. *fig. v. j.*

278. Quatre Voyages chez les Hottentots et chez les Cafres, faits en 1777, etc. par W. Paterson, trad. de l'anglois. *Paris*, 1790, *in*-8. *v. m. Gr. Pap. Vél.*

279. Voyage au pays de Bambouc, etc. *Paris*, 1789, *in*-8. *v. m.* = La Vie, les Aventures et le Voyage de Groenland du père P. de Mésange. *Amsterd.* 1720, 2 *tom. en* 1 *vol. in*-12. *v. b.*

280. Voyage du marquis de Chastellux dans l'Amérique septentrionale, dans les années 1780-1782. *Paris*, 1786, 2 *vol. in*-8. *dem. rel. dos de m. Pap. Fort.*

p.

p.

pierro   les cartes coloniéa.

274. C. goe.

poëzy.

275. gro. Crus

p.

Simonnet.

278. gro.

p.

Le Roux.

Delau

. p.

pillet.

martin

p.

p.

gregain fils.

Labitte

Le Roux

p.

Delau

288. 110.   la reliure gatée par l'humidité.

281. Nouveau Voyage dans les États-Unis de l'Amérique septentrionale, fait en 1788, par Brissot. *Paris*, 1791, 3 *vol. in-8. v. éc.*

282. Histoire d'un Voyage aux isles Malouines, fait en 1763 et 1764, par D. Pernetty. *Paris*, 1770, 2 *vol. in-8. v. éc.*

283. Histoire des Naufrages. *Paris*, 1788, 3 *vol. in-8. fig. v. porph.*

Chronologie, etc.

284. Chronologie de l'Histoire Sainte, etc. par Alp. des Vignoles. *Berlin*, 1738, 2 *vol. in-4. v. j.*

285. Défense de la Chronologie, contre le Système de Newton, par Freret. *Paris*, 1758, *in-4. v. f.*

286. Discours sur l'Histoire universelle, par Bossuet, pour l'éducation du Dauphin. *Paris, Didot l'aîné*, 1786, 2 *vol. in-8. br. en cart. Pap. Vél.*

287. Histoire politique des grandes querelles entre l'empereur Charles V, et François Ier, roi de France, (par Goezmann.) *Paris*, 1777, 2 *vol. in-8. v. porph.*

288. Histoire universelle de d'Aubigné. *Maillé*, 1616, 3 *vol. in-fol. v. f.*

289. Histoire des Guerres et des Négociations qui précédèrent le traité de Westphalie, par le P. Bougeant. *Paris*, 1744, 3 *vol. in-4. v. m.*

290. Mémoires pour servir à l'Histoire des Négociations, depuis le traité de Riswick jusqu'à la paix d'Utrecht. *La Haye*, 1756, 3 *vol. in-12. v. m.*

291. Politique de tous les Cabinets de l'Europe pendant les règnes de Louis XV et de Louis XVI, par Favier, publié par de Ségur. *Paris*, 1793, 2 *vol. in-8. br. en cart.*

292. Histoire de la dernière guerre entre la Grande-Bretagne et les États-Unis d'Amérique, (par Boucher.) *Paris*, 1787, *in-4. fig. v. f.*

Histoire ecclésiastique , etc.

293. Histoire ecclésiastique ancienne et moderne, trad. du latin de Mosheim. *Maestricht,* 1776, 6 *vol. in-8. br.*

294. Abrégé chronologique de l'Histoire ecclésiastique. *Paris,* 1768, 3 *vol. in-8. v. j.*

295. Conformité des Coutumes des Indiens orientaux avec celles des Juifs, et des autres peuples de l'antiquité. *Bruxelles,* 1704, *in-12. fig. v. j.* = Cérémonies nuptiales de toutes les nations, par de Gaya. *Paris,* 1680, *in-12. v. b.*

296. Histoire du Christianisme des Indes, par La Croze. *La Haye,* 1758, 2 *vol. in-12. br. en cart.*

297. La Religion ancienne et moderne des Moscovites. *Cologne, P. Marteau,* 1698, *in-12. fig. br.* = Histoire critique de la Créance et des Coutumes des nations du Levant, par de Moni. *Francfort,* 1684, *in-12. v. b.*

298. Histoire de la papesse Jeanne, tirée du latin de Spanheim. *La Haye,* 1720, 2 *vol. in-12. fig. m. r.*

299. Histoire des Conclaves depuis Clément V jusqu'à présent. *Cologne,* 1703, 2 *vol. in-8. fig. v. b.*

300. Mémoires pour servir à l'Histoire du cardinal de Granvelle. *Paris,* 1753, 2 *vol. in-12. bas.*

301. Histoire philosophique du Monachisme. *Londres,* 1788, 2 *vol. in-8. v. éc.*

302. Histoire de la Condamnation des Templiers, par Dupuy. *Bruxelles,* 1713, 2 *vol. in-12. v. b.*

303. Histoire de l'Abolition de l'ordre des Templiers. *Paris,* 1779, *in-12. v. j.* = Essai sur les accusations intentées aux Templiers, et sur le secret de cet ordre, par F. Nicolai. *Amst.* 1783, *in-12. br.*

304. Histoire critique et apologétique de l'ordre

roannet.

Le Roy

p.

Delau

imparfait.

293. Dry.

296. Rol.

798. Crus.

p.

Ney

pierres

n^lle Dubray

la mème

le tome 3 gaté!

307. Luc. hit

mlle Dubray

pierre

idem

aillaud.

merlin

pierre

mlle charpentier

312. of.

pierre

antoine

idem

idem

des Templiers, (par le P. Le Jeune.) *Paris*, 1789,
2 *vol. in-4. v. porph.*

305. Mémoires hist. sur les Templiers, (par P. Grou-
velle.) *Paris*, 1805, *in-8. br.*

306. Histoire des Chevaliers Hospitaliers de Saint-
Jean de Jérusalem, appelés Chevaliers de Malte,
par De Vertot. *Paris*, 1726, 4 *vol. in-4. fig. v. m.
Gr. Pap.*

307. Origine de tous les Cultes ou Religion universelle, par Dupuis. *Paris*, 1795, 3 *vol. in-4.
et atlas, v. j. Pap. Vél.*

308. Les Religions du monde, trad. de l'anglois de
Ross, par Th. La Grue. *Amst.* 1666, *in-4. fig. v.
porph.*

309. Traité des anciennes Cérémonies, ou Histoire
contenant leur naissance, leur entrée en l'église,
etc. (par Jonas Porre.) *Quevilly*, 1673, *in-12.
m. r.*

310. Histoire critique des Dogmes et des Cultes
bons et mauvais qui ont été dans l'Église, par
Jurieu. *Amst.* 1704, *in-4. v. b.*

311. Conformités des Cérémonies modernes avec
les anciennes, (par P. Mussard.) *Amst.* 1744,
2 *vol. in-12. m. r.*

312. Histoire critique des Pratiques superstitieu-
ses qui ont séduit les peuples, et embarrassé les
savans, par P. Le Brun. *Paris*, 1750, 4 *vol. in-12.
v. m.*

313. Histoire critique de Manichée et du Mani-
chéisme, par de Beausobre. *Amst.* 1734, 2 *vol.
in-4. v. éc.*

314. Histoire des Albigeois, et gestes de Simon de
Montfort, par frère Pierre Des Vallées Sernay,
trad. du latin. *Paris*, 1569, *in-8. vél.*

315. Histoire des Vaudois, par J. P. Perrin. *Genève*,
1618, *in-8. vél.*

316. Histoire de l'Exécution de Cabrières et de

Mérindol, et d'autres lieux de Provence. *Paris*, 1645, *in-4. v. rac.*

317. Dialogue auquel sont traitées plusieurs choses avenues aux Luthériens et Huguenots de la France. *Basle*, 1573, *in-8. m. r.*

318. Histoire des Troubles des Cévennes, ou la guerre des Camisards, (par Court de Gébelin père.) *Villefranche*, 1760, 3 *vol. in-12. v. f.*

319. Brière et fidèle exposition de l'origine, de la doctrine et des constitutions des Frères-Unis de Bohème et de Moravie. 1758, *in-8. fig. cart.*

320. Mémoires pour servir à l'Histoire de la Fête des foux, par du Tilliot. *Lausanne*, 1741, *in-4. fig. v. m.*

321. Histoire de l'Inquisition et son origine. *Cologne*, 1693, *in-12. v. b.* = Mémoires hist. pour servir à l'Histoire des Inquisitions. *Cologne*, 1716, 2 *vol. in-12. fig. v. b.* = Le Manuel des Inquisiteurs. 1762, *in-12. v. f.*

322. Relation de l'Inquisition de Goa. *Paris*, 1688, *in-12. fig. v. b.* = Le Procès et les souffrances d'Isaac Martin, qui fut mis à l'inquisition en Espagne, pour cause de la religion protestante. *Londres*, 1723, *in-8. fig. v. b.*

Histoire des monarchies anciennes , etc.

323. Histoire des Juifs, trad. du grec de Flavius Joseph, par Arnauld d'Andilly. *Bruxelles*, 1701, 5 *vol. in-8. fig. v. f.*

324. Histoire des Juifs, par Prideaux. *Paris*, 1726, 6 *vol. in-12. fig. v. b.*

325. Histoire des Juifs, par Basnage. *La Haye*, 1716, 15 *vol. in-12. v. b.*

326. Introduction à l'Histoire des Juifs, par R. Cleyton. *Leyde*, 1752, *in-4. v. porph.*

327. Abrégé chronologique de l'Histoire des Juifs. *Paris*, 1759, *in-8. v. m.*

bruchy

guilleminet.

bonard.

guilleminet.
p.
nozeran

l'ailleau
cauette
p.

317. gu.

319. Rol.

321. Crus.

322. C.

323. Luc. p2

taché.

giroo.

Le Roy

p.

331. Ivy.

grégoirefils.

Mlle Dubray

Rhinat

Dufart.

Den

Mlle Dubray

339. Rol.

p.

Le Rouxe

328. Le Secret et Mystère des Juifs, faisant le commencement du 1ᵉʳ livre du Recueil de Suidas, trad. du grec. *Paris*, 1557, *in-18. m. v. dent.*

329. Les Mœurs des Israélites, et les Mœurs des Chrétiens, par Fleury. *Paris*, 1700 *et* 1712, 2 *vol. in-12. v. b. et v. m.*

330. Histoire du Monde sacré et profane, par Shuckford, trad. de l'angl. *Leyde*, 1738, 3 *vol. in-12. fig. v. m.*

331. Réflexions sur l'origine, l'histoire et la succession des anciens peuples Chaldéens, Hébreux, etc. par Fourmont. *Paris*, 1747, 2 *vol. in-4. v. j.*

332. Élémens d'Histoire ancienne et moderne, par Millot. *Paris*, 1800, 9 *vol. in-8. br.*

333. Histoire de la Fondation des colonies des anciennes républiques, etc. trad. de l'angl. *Utrecht*, 1778, *in-8. cart.*

334. De l'état et du sort des Colonies des anciens peuples, (par de Sainte-Croix.) *Philadelphie*, 1779, *in-8. v. éc.*

Histoire grecque et romaine, etc.

335. Voyage du jeune Anacharsis en Grèce, (par l'abbé Barthélemy.) *Paris*, 1788, 4 *vol. in-4. et atlas, cart. Pap. Vél.*

336. Histoire d'Hérodote, trad. du grec, par Larcher. *Paris*, 1802, 9 *vol. in-8. v. porph.*

337. Histoire universelle de Diodore de Sicile, trad. par Terrasson. *Paris*, 1737, 7 *vol. in-12. v. porph.*

338. Lettres à M. Bailly sur l'Histoire primitive de la Grèce, par Rabaut de Saint-Étienne. *Paris*, 1787, *in-8. v. porph.*

339. Histoire de Grèce, trad. de l'anglois de Temple Stanyan. *Paris*, 1743, 3 *vol. in-12. v. f.*

340. Abrégé de l'Histoire de la Grèce, depuis son

origine jusqu'à sa réduction en province romaine. *Paris, an VII, 2 vol. in-8. v. porph.*

4--5. 341. Les Mœurs et les Usages des Grecs, par Menard. *Lyon, 1743, in-12. v. porph.* = Des Mœurs et des Usages des Romains, (par Lefevre de Morsan.) *Paris, 1744, 2 vol. in-12. v. rac.*

6--5 342. Histoire des Amazones anciennes et modernes. *Amst. 1748, 2 tom. en 1 vol. in-12. fig. v. f.* = Traité historique sur les Amazones, par P. Petit. *Leide, 1718, 2 vol. in-12. v. f.*

25--95 343. Histoire de la République romaine dans le VIIe Siècle, par Salluste, en partie trad. du latin, en partie rétablie par le P. de Brosses. *Dijon, 1777, 3 vol. in-4. fig. v. éc.*

3.35 344. Conjuration de Catilina, par Salluste, trad. par Billecocq. *Paris, 1795, in-12. v. rac.* = Conjuration des Gracques, par Saint-Réal. *Paris, 1803, in-12. v. rac.*

3.--- 345. Histoire de la Conjuration de Catilina, où l'on a inséré les Catilinaires de Cicéron. *Paris, 1752, in-12. v. rac.* = Anecdote, ou Histoire secrète des Vestales. *Paris, 1700, in-12. v. b.*

35.-5. 346. Les Antiquités romaines de Denys d'Halicarnasse, trad. en françois, (par F. Bellanger.) *Paris, 1723, 2 vol. in-4. fig. v. m. Gr. Pap.*

27--15 347. Les OEuvres de Tacite en latin et en françois, par Dotteville. *Paris, 1799, 7 vol. in-8. v. porph.*

46--- 348. Le même ouvrage. *Paris, 1799, 7 vol. in-8. v. j. Gr. Pap. Vél.*

16-- 349. Tacite trad. en françois, par Dureau de Lamalle. *Paris, 1790, 3 vol. in-8. v. porph.*

2--5. 350. Histoire d'Hérodien, trad. du grec, par Mongault. *Paris, 1784, in-12. v. m.* = Histoire de Zénobie, reine de Palmire, par Euvoi de Hauteville. *Paris, 1758, in-12. v. m.*

4.95 351. Les Césars de l'empereur Julien, trad. du grec par Spanheim. *Amst. 1728, in-4. fig. v. f. Gr. Pap.*

p.

Merlin

antoine   un volume legerement taché

Louvard.

p.

Barré.

Boucher.   legerement atteint d'humidité 346. NO. fro. hz

allais

n° jardin

girard.

chobee.   taché de pourriture au   351. dry.
                 commencement.

Mlle charpentier.

les révolutions romaines tachés ⇒
              pourriture

354. Rol.   p.
355. Rol.
356. C.

  357. Cou.   p.

                 cassette.

                 p.
                 truchy

                 rouget.

                 cassette.

                 Louvard.

                 p.

352. Histoire romaine écrite par Xiphilin, par
Zonare et par Zosime, trad. du grec par Cousin.
Paris, 1678, *in-4. v. f.*

353. Histoire des Révolutions romaines, de Suède
et de Portugal, par de Vertot. *La Haye*, 1734,
3 *vol. in-4. v. éc. Gr. Pap.*

354. Les mêmes ouvrages. *Paris*, 1795, 7 *vol. in-8.*
v. rac. et v. m. Pap. Vél.

355. Histoire critique de la République romaine,
par P. C. Levesque. *Paris*, 1817, 3 *vol. in-8. v.*
rac. Pap. Vél.

356. Histoire des Progrès et de la Chute de la République romaine, par A. Fergusson, trad. de
l'anglois. *Paris*, 1784, 7 *vol. in-8. cart. Pap. Fin.*

357. Histoire des deux Triumvirats, depuis la mort
de Catilina jusqu'à celle de César, etc. par Lar-
rey. *Trévoux*, 1741, 3 *vol. in-12. v. m.*

358. Nouvel Abrégé chronologique de l'Histoire
des Empereurs. *Paris*, 1767, 2 *vol. in-8. v. f.*

359. Histoire des Révolutions de l'empire romain,
par Linguet. *Liège*, 1777, 2 *vol. in-12. v. rac.*

360. Considérations sur les Causes de la grandeur
des Romains, et de leur décadence, par de Montesquieu. *Paris*, 1795, 2 *vol. in-8. v. porph.*
Pap. Vél.

361. Réflexions sur les divers Génies du peuple
romain, par Saint-Evremond. *Paris*, 1795, *in-8.*
v. éc. Pap. Vél.

362. Histoire des grands Chemins de l'Empire romain, par N. Bergier. *Bruxelles*, 1728, 2 *vol.*
in-4. fig. v. m. Gr. Pap.

363. Histoire de Jovien, et traduction de quelques
ouvrages de Julien, par de La Bléterie. *Paris*,
1748, 2 *vol. in-12. v. m.*

364. Histoire de Théodose-le-Grand, par Fléchier.
Paris, 1679, *in-4. v. b. Gr. Pap.*

40 — — 365. Histoire de Constantinople, trad. du grec par Cousin. *Paris*, 1672, 8 *vol. in*-4. *v. f.*
Exemplaire du comte d'Hoym.

2 — 5 366. Histoire des Révolutions de l'empire de Constantinople, par de Burigny. *Paris*, 1750, 3 *vol. in*-12. *cart.*

8 . 8 -95 367. Observations historiques et géographiques sur les peuples Barbares qui ont habité les bords du Danube et du Pont-Euxin, par de Peyssonnel. *Paris*, 1765, *in*-4. *fig. v. porph.*

Histoire d'Italie.

13 — 25 368. Abrégé chronologique de l'Histoire générale d'Italie, par de Saint-Marc. *Paris*, 1761, 6 *vol. in*-8. *v. m.*

3 — 75 369. Histoire des Guerres d'Italie, par Guichardin, trad. de l'italien. *Londres*, (*Paris*,) 1738, 3 *vol. in*-4. *br. Gr. Pap.*

2 — 30 370. Observations sur l'Italie et sur les Italiens, par Grosley. *Londres*, (*Paris*,) 1770, 4 *vol. in*-12. *br.*

3 — . — 371. Les Italiens, ou Mœurs et Coutumes d'Italie, par Baretty, trad. de l'anglois. *Paris*, 1773, *in*-12. *v. rac.* = Tableau de la Cour de Rome, dans lequel sont représentés sa politique, son gouvernement, etc. *La Haye*, 1726, *in*-12. *v. f.*

4 — 95 372. Mémoires secrets et critiques des cours, etc. des principaux états de l'Italie, par J. Gorani. *Paris*, 1793, 3 *vol. in*-8. *br.*

10 — — — 373. L'ancienne Rome et Rome moderne, par F. Deseine. *Leide*, 1713, 10 *tom.* en 5 *vol. in*-12. *fig. v. m.*

5 — 80 374. Histoire de la République de Venise, par B. Nani. *Cologne*, 1682, 4 *vol. in*-12. *v. f.*

2 — 95 375. Le même ouvrage. *Amst.* 1702, 2 *vol. in*-12. *fig. v. f.*

m^{lle} charpentier

p.

3 by. Wale.

Cauvette.

limonade.

p.

p.

rouget.

La loy

p.
m^{lle} charpentier.

·378. Crus. Luc. x†

Simonnet.

ga^lle charpentier.

383. Dry.

Louvard.

gregoire

p.

pillet

antoine

384. Dry.

idem

386. Cou.

387. Crus. Cou.

antoine

376. Histoire de la République de Venise, depuis sa fondation jusqu'à présent, par Laugier. *Paris*, 1759, 12 *vol. in-12. v. m.*

377. Histoire de la Ligue de Cambray. *Paris*, 1728, 2 *vol. in-12. v. f.*

378. Histoire de la Conjuration des Espagnols contre Venise, par de Saint-Réal. *Londres*, 1800, *in-8. v. porph. Pap. Vél.*

379. Le même ouvrage. *Paris*, 1803, *in-12. v. porph. Pap. Vél.*

380. Histoire civile du royaume de Naples, trad. de l'italien de Giannone. *La Haye*, 1742, 4 *vol. in-4. v. m.*

381. Histoire des Rois de Sicile et de Naples, des maisons d'Anjou. *Paris*, 1707, *in-4. m. r.*

382. Histoire des Rois des Deux-Siciles de la maison de France, par d'Egly. *Paris*, 1741, 4 *vol. in-12. v. j.*

383. Histoire de Jeanne première, reine de Naples. *Paris*, 1764, *in-12. v. rac.* == La Ville et la République de Venise, par de Saint-Disdier. *La Haye*, 1685, *in-12. v. b.*

384. La Catanoise, ou Histoire secrette des mouvemens arrivés au royaume de Naples, sous la reine Jeanne Ire. *Paris*, 1731, *in-12. v. j.* == Conjuration de Nicolas Gabrini, par le P. Du Cerceau. *Paris*, 1733, *in-12. v. b.*

385. Histoire des Troubles advenus au royaume de Naples, par C. Portio, trad. de l'ital. *Paris*, 1627, *in-8. v. f.*

386. Histoire de la Révolution du royaume de Naples, par Mlle de Lussan. *Paris*, 1757, 4 *vol. in-12. v. m.*

387. Masanielle, ou la Révolution de Naples, trad. de l'allemand de Meissner. *Paris*, 1789, *in-8. v. m.*

C

388. Mémoires du duc de Guise. *Paris*, 1668, *in-*4. *v. f.*

389. Histoire générale de Sicile, par de Burigny. *La Haye*, 1745, 2 *vol. in-*4. *fig. v. m.*

390. Lettres sur la Sicile et sur l'isle de Malthe, par le comte de Borch. *Turin*, 1782, 2 *vol. in-*8. *fig. v. éc.*

391. Histoire de Florence de Nic. Machiavel, trad. par de Barrett. *Paris*, 1789, 2 *vol. in-*12. *cart.*

392. Histoire des Révolutions de Florence, sous les Médicis, trad. de l'italien de Ben. Varchi. *Paris*, 1764, 3 *vol. in-*12. *bas.*

393. Histoire de la République de Gènes, (par de Mailly.) *Paris*, 1742, 3 *vol. in-*12. *bas.*

394. Histoire des Révolutions de Gènes, (par de Brequigny.) *Paris*, 1750, 3 *vol. in-*12. *v. f.*

395. La Conjuration du comte J. Louis de Fiesque, (par le cardinal de Retz.) *Cologne*, (*Elzevier*,) 1665, *in-*12. *vél.*

396. Théâtre de Savoye et du Piémont, trad. du latin. *La Haye*, 1700, 2 *vol. in-fol. atlant. fig. v. b.*

397. Histoire générale des Guerres de Piémont. *Paris*, 1630, 2 *vol. in-*8: *v. b.*

398. Histoire géographique, politique et naturelle de la Sardaigne, par Azuni. *Paris*, 1802, 2 *vol. in-*8. *br.*

399. Histoire de l'isle de Corse. *Nancy*, 1749, *in-*8. *cart.* == Mœurs et Coutumes des Corses. *Paris*, *an* VII, *in-*8. *br.* == Histoire des Révolutions de Corse, par de Germanes. *Paris*, 1771, 3 *vol. in-*12. *br.*

Histoire de France.

400. Antiquité de la nation et de la langue des Celtes, autrement appelés Gaulois, par Pezron. *Paris*, 1704, *in-*12. *v. f.*

p.

giroud.

Rouget.

giroud.

pierre

Louvard.

395. gu...

399. Cou.

aillard.

melle charpentier.
la même

404. Crus.

406. Rol.

giroud . .

pierres

Mequignon j^r
potey.

gregoire fils.

B^lle charpentier.

la mème
la mème

409. Lie.

410. Cou.**

411. No. cheap. Roy.

412. Dry.

Ronger.

401. Histoire critique de l'Établissement des Bretons dans les Gaules, par l'abbé de Vertot. *Paris*, 1720, 2 *vol. in-12. v. b.*

402. Histoire des Celtes, et plus particulièrement des Gaulois et des Germains, par S. Pelloutier. *Paris*, 1771, 2 *vol. in-4. v. r.*

403. Abrégé chronologique de l'Histoire de France, par de Mézeray. *Paris*, 1668, 3 *vol. in-4. v. j.*

404. Abrégé chronologique de l'Histoire de France, par le président Hénault. *Paris*, 1768, 2 *vol. in-4. br. Gr. Pap. avec les fig. de Cochin.*

405. Elémens de l'Histoire de France, par Millot. *Paris*, 1800, 3 *vol. in-8. br.* = De l'Histoire d'Angleterre, par le même. *Paris*, 1800, 3 *vol. in-8. br.*

406. Mémoires pour servir à l'Histoire de France et de Bourgogne, contenant un Journal de Paris, sous les règnes de Charles VI et de Charles VII. *Paris*, 1729, *in-4. v. rac.*

407. Histoire de Jeanne d'Arc, par Lenglet Du Fresnoy. *Paris*, 1753, 3 *vol. in-12. v. m.*

408. Mémoires de Philippe de Commines. *Leide, Elzevier*, 1648, *in-12. non rel.*

409. Mémoires de Philippe de Commines, publiés par Lenglet Du Fresnoy. *Paris*, 1747, 4 *vol. in-4. v. m. avec les portraits d'Odieuvre.*

410. Histoire des Guerres civiles de France, sous les règnes de François II, Charles IX., etc. trad. de l'italien de Davila. *Amst.* 1757, 3 *vol. in-4. v. m. Gr. Pap.*

411. Mémoires de Condé, sous les règnes de François II et de Charles IX, avec les notes de Secousse et de Lenglet Du Fresnoy. *Paris*, 1743, 6 *vol. in-4. v. m. Gr. Pap.*

412. Sommaire déclaration et confession de foi, faite par le prince de Condé, contre les calom-

nies et impostures des ennemis de Dieu, du Roi et de lui. 1564, *in-*12. *v. b.*

413. Mémoires de Mich. de Castelnau, sous les règnes de François II et Charles IX, publiés par J. Le Laboureur. *Bruxelles*, 1731, 3 *vol. in-fol. v. f. Gr. Pap.*

414. Mémoires de l'Estat de France, sous Charles IX. *Meidelbourg*, 1578, 3 *vol. in-*8. *v. f.*

415. Discours sur le Saccagement des églises catholiques, par les hérétiques anciens et nouveaux calvinistes, en l'an 1562, par F. Cl. de Sainctes. *Paris*, 1567, *in-*8. *m. r.*

416. Discours du Massacre de ceux de la religion réformée, fait à Lyon, par les catholiques romains, le 21 aoust 1572. 1574, *in-*8. *m. r. dent.*

417. Journal de Henri III et de Henri IV, par P. de L'Estoile, (publié par Lenglet Du Fresnoy.) *Paris*, 1744 *et* 1741, 9 *vol. in-*8. *v. f.*

418. Description de l'isle des Hermaphrodites, pour servir de supplément au Journal de Henri III. *Cologne*, 1726, *in-*8. *v. b.*

419. Mémoires de la Ligue, contenant les événemens les plus remarquables de 1576-1598, publiés par (l'abbé Goujet.) *Paris*, 1758, 6 *vol. in-*4. *v. ec. Gr. Pap.*

420. Le Réveil-Matin des François et de leurs voisins, par Eusèbe Philadelphe. *Edimbourg*, 1574, *in-*8. *parch*

421. La France-Turquie, c'est-à-dire, conseils et moyens tenus par les ennemis de la couronne de France pour réduire le royaume en tel état que la tyrannie turquesque. *Orléans*, 1576, *in-*8. *m. r.*

422. Le Tocsain contre les massacreurs et auteurs des confusions en France. *Reims*, 1577, *in-*8. *m. r.*

423. Remontrances au roi Henri III, par un sien

Bonhomme   un vol taché de pourriture   413. Rol.

Mlle charpentier   petits caractères.   414. No. Roy.

pierre   gu. cou.
                                                   416. Cos. ah^t so^c.
                                                        si neg beau.
Merlin   417. fro. im^t

                                                   419. Cou. ** Roy

                                                   420. No.

                                                   421. Rol.

Mlle charpentier

Bonhomme

424. No. gu.

425. gu.

426. gu.

~~429. Cras.~~

432. Nou. 3-25

~~433. Cras.~~

officier, sur les désordres et misères de ce royaume, etc. 1588, *in-8. v. b.*

424. Le Boutefeu des calvinistes, depuis naguère envoyé en ambassade par le roy de Navarre, pour troubler la religion, etc. *Francfort*, 1584, *in-8. m. r. dent.*

425. Le Martel en teste des catholiques françois, où est amplement discouru de la cause des misères de ce pauvre royaume, etc. *Paris*, 1590, *in-8. m. r. dent.*

426. Le Réveil-Matin et mot du guet des bons catholiques, enfans de l'Eglise apostolique et romaine, etc. *Douay*, 1591, *in-8. m. r. dent.*

427. La Déclaration de notre saint-père le pape Sixte V., à l'encontre de Henri de Bourbon, soy disant roi de Navarre, et Henry semblablement de Bourbon, prétendu prince de Condé, hérétiques, contre leurs postérités et successeurs, etc. *in-8. v. f.*

428. Satyre Ménippée, de la vertu du catholicon d'Espagne, et de la tenue des états de Paris. *Ratisbonne*, 1664, *in-12. fig. v. b.*

429. Les Mémoires de la reine Marguerite. *Paris*, 1629, *pet. in-8. non rel.*

430. Mémoires de Phil. Hurault, comte de Chiverny. *La Haye*, 1720, 2 *vol. pet. in-12. br.*

431. Les Aventures du baron de Foeneste, par Th. Agrippa d'Aubigné. *Cologne*, 1729, 2 *vol. in-8. v. m.*

432. Mémoires de Th. A. d'Aubigné, avec les Mémoires de Frédéric Maurice de La Tour, prince de Sédan, par Priolo. *Amst.* 1731, 2 *tom. en* 1 *vol. in-12. v. f.*

433. Mémoires du duc d'Orléans, contenant ce qui s'est passé en France de plus considérable, avec un journal de sa vie. *Amsterd. Mortier*, 1685, *in-12. v. j.*

434. Mémoires d'un favori du duc d'Orléans. *Leide,
Sambix*, 1668, *in-*12. *v. j.*

435. Histoire de la Mère et du Fils, c'est-à-dire, de
Marie de Médicis et de Louis XIII, par de Meze-
ray. *Amst.* 1730, *in-*4. *v. m.*

436. Trois Remontrances faites sur la fin des derniers troubles, et recueillies depuis peu de temps.
Paris, 1608, *in-*8. *vél.*

437. La Conjuration de Conchine, ou l'Histoire
des mouvemens derniers. *Paris*, 1619, *in-*8. *v. rac.*

438. Négociation du maréchal de Bassompierre,
envoyé ambassadeur en Angleterre. *Cologne*,
1668, *in-*12. *v. b.*

439. Ambassade du maréchal de Bassompierre en
Suisse, en 1625. *Cologne, P. Marteau*, 1668,
2 *vol. in-*12. *v. b.*

440. Mémoires de Montresor. *Leide, Sambix*, 1665,
2 *vol. pet. in-*12. *v. b.*

441. Journal du cardinal de Richelieu. *Paris*,
1665, 2 *vol. in-*12. *v. b.* = Histoire du ministère
du cardinal Mazarin, trad. de l'italien du comte
G. Gualdo Priorato. *La Haye*, 1681, 2 *vol. pet.
in-*12. *v. m.*

442. Le véritable père Joseph, capucin nommé au
cardinalat, contenant l'histoire anecdote du cardinal de Richelieu. 1750, 2 *vol. in-*12. *v. m.*

443. Mémoires de M. D. L. R. (de La Rochefoucauld) sur les brigues à la mort de Louis XIII, etc.
Cologne, 1677, *in-*12. *v. b.*

444. Mémoires du duc de La Rochefoucauld. *Paris*,
1804, *in-*12. *fig. br. Pap. Vél.*

445. Mémoires du cardinal de Retz, de Guy Joly
et de la duchesse de Nemours. *Amst.* 1731 *et*
1738, 7 *vol. in-*12. *br. et v. m.*
Les 4 vol. de Retz sont cartonnés, non rognés.

446. Mémoires de mademoiselle de Montpensier.
Amst. 1746, 8 *vol. in-*12. *bas.*

Mlle charpentier

p.

la lle charpentier

giroud.

p.

la lle charpentier

la meme

434. Roy.

438. Rol.

439. Rol.

446. fro. ae^t

448. Cou. **

450. Crus.

452. Of. Rol.

454 crus.
455. Crus. *

458. Crus. *

mequignon j^r

gab. warée

m^lle charpentier.
giroux

m^lle charpentier

giroux

m^lle charpentier

p^r

447. Mémoires d'Anne de Gonzagues, princesse palatine. *Paris*, 1786, *in-8. v. rac.* = Mémoires authentiques, ou Histoire des comtes Struensée et Brandt. *Bruxelles*, 1789, *in-8. v. porph.*

448. Histoire de Louis de Bourbon, prince de Condé, par Coste. *La Haye*, 1748, *in-4. v. m. Gr. Pap.*

449. Mémoires de l'abbé Arnauld, contenant quelques anecdotes de la cour de France, depuis 1634 jusqu'à 1675. *Amst.* 1756, 3 *vol. in-12. v. m.* = Mémoires de Gourville. *Paris,* 1782, 2 *vol. in-12. v. m.*

450. Mémoires de De Laporte, premier valet de chambre de Louis XIV. *Genève,* 1756, *in-12. v. m.*

451. Mémoires sur l'administration de la France sous Louis XIV, imprimés en 1689 et 1690, et réimprimés en 1788. *in-8. v. éc.*
Réimpression de l'ouvrage intitulé : *les Soupirs de la France esclave qui aspire après sa liberté.* Le titre est manuscrit.

452. Éclaircissemens historiques sur les causes de la révocation de l'édit de Nantes, etc. (par de Rhulières.) 1788, 2 *vol. in-8. v. rac.*

453. Mémoires secrets sur les règnes de Louis XIV et de Louis XV, par Duclos. *Paris,* 1791, 2 *vol. in-8. v. rac.*

454. Mémoires de du Guay-Trouin. 1740, *in-4. fig. v. m.*

455. Mémoires du baron de Besenval. *Paris,* 1805, 4 *vol. in-8. br. pap. vélin.*

456. Précis historique de la Révolution française, par Rabaut Saint-Étienne. *Paris,* 1792, 2 *vol. in-32. br. Pap. Vél.*

457. Mémoires d'un témoin de la Révolution, par J. Sylv. Bailly. *Paris,* 1804, 3 *vol. in-8. br. Gr. Pap. Vél.*

458. Histoire des Jacobins en France, ou examen

des principes anarchiques de la Révolution françoise. *Hambourg*, 1795, 2 *vol. in-12. cart.*

459. OEuvres d'Estienne Pasquier, contenant ses
recherches sur la France, etc. *Amst.* 1723, 2 *vol.
in-fol. v. f. Gr. Pap.*

460. Usages et Mœurs des François, par Poullin
de Lumina. *Paris*, 1769, 2 *vol. in-12. cart.* =
Les Mœurs et Coutumes des François, par Le
Gendre. *Paris*, 1753, *in-12. cart.*

461. Remarques historiques sur la Bastille. *Londres*, 1789, *in-8. v. rac.* = Histoire de l'Homme
au masque de fer, tirée du siècle de Louis XIV,
par Voltaire. 1783. = Le véritable Homme dit
au masque de fer, par de Saint-Mihiel. *Stras-
bourg*, 1790, *in-8. v. éc.*

462. Abrégé chronologique de l'Histoire de Lor-
raine. *Paris*, 1775, 2 *vol. in-8. v. porph.*

Histoire d'Allemagne, des Pays-Bas, etc.

463. Histoire générale d'Allemagne, par le P. Barre.
Paris, 1748, 11 *vol. in-4. v. f. Gr. Pap.*

464. Nouvel Abrégé chronologique de l'histoire et
du droit public d'Allemagne, par Pfeffel. *Paris*,
1777, 2 *vol. in-8. v. porph.*

465. Histoire des Allemands, trad. de l'allemand
de Schmidt. *Liége*, 1784, 7 *vol. in-8. v. porph.*

466. Histoire des Révolutions de la Haute-Alle-
magne, (par Philibert.) *Paris*, 1766, 2 *vol. in-12.
v. m.* = Essai critique sur l'Établissement et la
translation de l'empire d'Occident, ou d'Allemagne, par l'abbé Guyon. *Paris*, 1752, *in-8.
v. porph.*

467. Histoire des Révolutions de Hongrie, (par
Brenner.) *La Haye*, 1739, 2 *vol. in-4. v. éc.*

468. Histoire générale de Hongrie, par de Sacy.
Paris, 1778, 2 *vol. in-12. v. porph.*

pierre tach[é] d'humidité. 459. No.

p.

Robaudt.

Mlle charpentier

Martin

gregoire

Simonnet.

p.

Mlle Dubray

Simonnet.

p.

473. Cos.

gab. wario
grigoin
p.
p.

cauette.

martin

cauette.

louvard.

cauette.

p-

cauette.

Roharnd.

m.lle Dubray

469. Histoire générale et particulière de Bohême, *8..5.*
par l'abbé André. *Paris*, 1784, 2 *vol. in-8. v. éc.*
470. Histoire secrète de la cour de Berlin, (par *3..85*
Mirabeau.) 1789, 2 *vol. in-8. v. m.*
471. Les Délices de la Suisse, par Kipseler de *6..30.*
Munster. *Leide*, 1714, 4 *vol. in-12. fig. v. b.*
472. La République des Suisses, trad. du latin de *2..*
Simler. *Paris*, 1578, *in-8. fig. v. éc.*
473. Histoire de Genève, par Spon. *Genève*, 1730, *6.. - 7.*
2 *vol. in-4. fig. v. éc.*
474. Les Délices des Pays-Bas. *Liége*, 1769, 5 *vol.* *7..95.*
in-12. fig. v. m.
475. Histoire générale des Pays-Bas. *Bruxelles*, *3..90.*
1720, 4 *vol. in-12. fig. v. b.*
476. Histoire ancienne des Pays-Bas Autrichiens, *4..60.*
par Des Roches. *Anvers*, 1787, *in-4. v. éc. Gr. Pap.*
477. Histoire des Révolutions des Pays-Bas, depuis *1..*
1559 jusques en l'an 1584. *Paris*, 1727, 2 *vol.*
in-12. v. porph. = La Vérité défendue des so-
phismes de la France, et réponse à l'auteur des
prétentions du roi très-chrétien sur les états du
roi catholique. 1668, 2 *part. en* 1 *vol. in-12. vél.*
478. Histoire des Guerres de Flandres, par le car- *2..50.*
dinal Bentivoglio, trad. par Loiseau. *Paris*, 1769,
4 *vol. in-12. br.* = Supplément à l'Histoire des
guerres civiles de Flandres, de Strada. *Amst.*
1729, 2 *vol. in-12. v. m.*
479. Les Mémoires d'Olivier de La Marche. *Brux.*
1616, 1 *tom. en* 2 *vol. in-4. v. m.* } *2..10.*
480. Les Délices de la Hollande, (par J. Parival.)
La Haye, 1710, 2 *vol. in-12. fig. v. f.*
481. Histoire générale des Provinces-Unies, (par *31..60.*
Dujardin et Sellius.) *Paris*, 1757, 8 *vol. in-4. fig.*
v. j. Gr. Pap.
482. Histoire géographique, physique, naturelle *2..55.*
et civile de la Hollande, par Le Franq de Berkhey,
trad. du holland. *Bouillon*, 1781, 4 *v. in-12. v. éc.*

469 Double *tran ccaille fit* - - - - - - - *7..60.*

483. Mémoires pour servir à l'Histoire de Hollande, par L. Aubery. *Paris*, 1688, *in-8. v. éc.* = Mémoires du comte de Guiche, concernant les Provinces-Unies des Pays-Bas. *Utrecht*, 1744, 2 *vol. in-*12. *v. m.*

484. Abrégé de l'Histoire de la Hollande et des Provinces-Unies, par Kerroux. *Leyde*, 1778, 2 *vol. in-*4. *v. j.*

485. Mémoires de Frédéric Henri, prince d'Orange, (publiés par de Beausobre.) *Amst.* 1733, *in-*4. *fig. v. j.*

486. Avis fidèle aux véritables Hollandois, touchant ce qui s'est passé dans les villages de Bodegrave et Swammerdam, (par de Wicquefort.) 1673, *in-*4. *fig. de Romain de Hooghe*, *v. j.*

487. Aux Bataves, sur le stathouderat, par le comte de Mirabeau. 1788, *in-*8. *v. éc.* = Précis historique de la Révolution qui vient de s'opérer en Hollande, (par F. Bernard.) *Paris*, 1788, *in-*8. *v. j.*

488. Les Délices de Leide. *Leide*, 1712, *in-*12. *fig. v. j.*

Histoire d'Espagne et de Portugal.

489. Annales d'Espagne et de Portugal, par de Colmenar. *Amst.* 1741, 4 *vol. in-*4. *fig. v. m. Gr. Pap.*

490. Abrégé chronologique de l'Histoire d'Espagne et de Portugal. *Paris*, 1765, 2 *vol. pet. in-*8. *br. en cart.*

491. Histoire générale d'Espagne, par Mariana, trad. de l'espagnol. *Paris*, 1725, 6 *vol. in-*4. *fig. v. f. Gr. Pap.*

492. Histoire des Révolutions d'Espagne, par le P. d'Orléans. *Paris*, 1734, 3 *vol. in-*4. *v. f. Gr. Pap.*

493. Histoire de Pierre-le-Cruel, roi de Castille et de Léon. *Paris*, 1790, 2 *vol. in-*8. *cart.*

494. Histoire de l'empereur Charles V, par D. J. Ant. de Vera et Figueroa, trad. de l'espagnol.

p.

Cassette.

idem

pierre

cassette.

pierre

macquignon j'.
p.

494. of.

pierre

simonnet.

rouget.

rouget.

pillet.

chinot.

Le flour.

simonnet.

idem

p.

gab. marie

Bruxelles, 1663, *pet. in-12. vél.* = Relation des Différents arrivés en Espagne entre D. Jean d'Autriche et le cardinal Nitard. *Cologne, P. Marteau*, 1677, 2 tom. en 1 *vol. pet. in-12. v. b.*

495. Histoire du règne de l'empereur Charles-Quint, trad. de l'anglois de Robertson. *Paris,* 1771, 2 *vol. in-4. v. porph.*

496. Histoire du règne de Philippe II, par Watson, trad. de l'angl. *Amst.* 1777, 4 *vol. in-12. dem. rel.*

497. Histoire de l'avénement de la maison de Bourbon au trône d'Espagne, par Targe. *Paris,* 1772, 6 *vol. in-12. v. j.*

498. Mémoires pour servir à l'Histoire d'Espagne sous le règne de Philippe V, par le marquis de Saint-Philippe, trad. de l'espagnol. *Amst.* 1756, 4 *vol. in-12. v. m.*

499. Histoire du royaume de Majorque, par d'Hermilly. *Maestricht*, 1777, *in-4. cart.*

500. Histoire de Portugal, par Osorius, trad. du latin. *Paris*, 1581, *in-8. v. j.*

501. Histoire générale de Portugal, par Lequien de La Neufville. *Páris*, 1700, 2 *vol. in-4. v. m.*

502. Histoire générale de Portugal, par de La Clède. *Paris*, 1735, 2 *vol. in-4. v. m.*

503. La même. *Paris*, 1735, 8 *vol. in-12. v. m.*

504. Histoire du détrônement d'Alfonse VI, roi de Portugal, par Rob. Southwel, trad. de l'anglois. *Paris,* 1742, 2 *vol. in-12. v. éc.* = Histoire secrète de dom Antoine, roi de Portugal. *Paris,* 1696, *in-12. v. rac.*

505. Relation des troubles arrivés dans la cour de Portugal, en 1667 et 1668. *Paris*, 1674, *in-12. v. rac.* = Adventure admirable par dessus toutes autres des siècles passés et présens, qui contient un discours touchant les succès du roi de Portugal dom Sébastien, depuis son voyage d'Afri-

que, etc. trad. du castillan. 1601, *pet. in-8. v. rac.*

Histoire d'Angleterre, etc.

506. Les Délices de la Grande-Bretagne et de l'Irlande, par J. Beeverell. *Leide*, 1707, 9 *vol. in-12. fig. cart.*

507. L'Angleterre ancienne, par Strutt, trad. de l'anglois par M. Boulard. *Paris*, 1789, 2 *vol. in-4. fig. br.*

508. Tableau de l'Angleterre et de l'Italie par d'Archenholz, trad. de l'allemand. *Gotha*, 1788, 2 *vol. in-8. br.*

509. Histoire d'Angleterre, par Rapin de Thoyras. *La Haye*, 1749, 16 *vol. in-4. v. m.*

510. Histoire des Révolutions d'Angleterre, par le P. d'Orléans. *Paris*, 1693, 3 *vol. in-4. v. b.*

511. Histoire d'Angleterre, par Dav. Hume, trad. de l'anglois. *Amst.* 1765, 7 *vol. in-4. br. Gr. Pap.*

512. Nouvel Abrégé chronologique de l'histoire d'Angleterre, par Salmon, trad. de l'anglois. *Paris*, 1751, 2 *vol. in-8. br.*

513. Lettres philosophiques sur l'histoire d'Angleterre, trad. de l'anglois. *Paris*, 1790, 2 *vol. in-8. cart.*

514. Histoire des Vies et des Règnes de tous les rois et reines d'Angleterre, depuis Guillaume Ier jusqu'à la reine Anne, trad. de l'angl. *Amst.* 1729, 3 *vol. in-12. br.*

515. Fragmenta regalia, ou le Caractère véritable d'Élisabeth et de ses favoris, par Rob. Naunton, trad. de l'anglois. *Rouen*, 1683, *in-12. v. b.*

516. Histoire de la rebellion et des guerres civiles d'Angleterre, par Clarendon, trad. de l'angl. *La Haye*, 1704, 6 *vol. in-12. v. b.*

517. Histoire entière et véritable du procès de

gab. waris

giroux

rouget.

pourquet.

Bonhomme

chimot.

Cauette .

limonnet.

potey

arland.

limonnet.

517. Crus.

Sig. Roy.

potey

limonet-

Bonhomme

chimot.

truchy
potey

aillaud

Le Roux

maujardin

Charles Stuart, roi d'Angleterre, etc. trad. de l'anglois. *Londres*, 1650, *pet. in-8. v. b.*

518. Apologie royale pour Charles Ier, roi d'Angleterre, par Cl. de Saumaise. *Paris*, 1650, *in-4. v. f.*

519. Histoire de ce qui s'est passé de plus mémorable en Angleterre pendant la vie de G. Burnet. *La Haye*, 1735, 4 *vol. in-4. v. f. Gr. Pap.*

520. Mémoires de la Grande Bretagne et de l'Irlande, trad. de l'anglois de J. d'Alrymple. *Londres*, 1775, 2 *vol. in-8. br.*

521. Mémoires secrets de mylord Bolingbroke sur les affaires d'Angleterre, depuis 1710 jusqu'en 1716, trad. de l'angl. *Londres*, 1754, 2 *tom. en* 1 *vol. in-8. v. m.* = Mémoires historiques de J. Melvil. *Lyon*, 1694, 2 *vol. in-12. v. b.*

522. Histoire abrégée de l'Empire britannique, depuis le mois de mai 1792 jusqu'à la fin de 1794, par F. Plowden, trad. de l'anglois. 1795, 2 *vol. in-8. cart.*

523. Histoire navale d'Angleterre, par Th. Lediard, trad. de l'anglois. *Lyon*, 1751, 3 *vol. in-4. non relié. Gr. Pap.*

524. Histoire d'Écosse, par Robertson, trad. de l'anglois. *Paris*, 1785, 3 *vol. in-12. v. m.*

525. Histoire de Marie royne d'Escosse, touchant la conjuration faicte contre le roy, et l'adultère commis avec le comte de Bothwel ; trad. du latin de Buchanan, (par Camuz.) *Edimbourg*, 1572, *in-8. v. j.*

526. Martyre de la reine d'Ecosse, contenant le vrai discours des trahisons à elle faites à la suscitation d'Élisabeth Angloise, etc. *Edimbourg*, 1587, *in-8. fig. v. éc.*

527. Histoire de Marie Stuart, reine d'Écosse, (par Freron et de Marsy.) *Londres*, (*Paris*,) 1742, 2 *vol. in-12. v. b.* = Recherches historiques et critiques sur les preuves de l'accusation

intentée contre Marie Stuart, trad. de l'anglois. *Paris*, 1772, *in-*12. *v. b.*

528. Histoire de Marie Stuart, reine d'Écosse, (publiée par Mercier de Compiegne.) *Paris*, 1795, 2 *part. en* 1 *vol. in-*8. *fig. v. éc. Pap. Vél.*

529. Histoire de l'Irlande ancienne et moderne, par Ma-Geoghegan. *Paris*, 1758, 3 *vol. in-*4. *fig. v. m.*

530. Histoire d'Irlande, depuis l'invasion d'Henri II, par Th. Leland, trad. de l'anglois. *Maestricht*, 1779, 7 *vol. in*-12. *v. m.*

Histoire des Pays septentrionaux, de la Suède, etc.

531. Histoire des Scythes, par Novikow, en russe. *Moscou*, 1787, 3 *vol. in-*8. *v. m.*

532. Recherches sur l'origine et les divers établissemens des Scythes ou Goths, par Pinkerton, trad. de l'anglois. *Paris*, 1804, *in-*8. *v. f.*

533. Abrégé chronologique de l'Histoire du Nord, par Lacombe. *Paris*, 1762, 2 *vol. pet. in-*8. *v. rac.*

534. Nouvelle Histoire du Nord, en allemand. *Leipsick*, 1782, 6 *vol. in-*8. *br. en cart.*

535. Tableau général de la Suède, par Catteau. *Paris*, 1790, 2 *tom. en* 1 *vol. in-*8. *v. porph.* = Mémoires historiques et inédits sur les Révolutions arrivées en Danemarck et en Suède, pendant les années 1770, 1771 et 1772, par l'abbé Roman. *Paris*, 1807, *in-*8. *v. porph.*

536. Histoire de Suède, par de Pufendorff. *Amst.* 1743, 3 *vol. in-*12. *v. j.*

537. Histoire abrégée de Suède, depuis les rois de la maison de Vasa, par de Champigny. *Amsterd.* 1776, *in-*4. *br.*

538. Mémoires pour servir à l'Histoire de Charles XII, roi de Suède, par Theyls. *Leide*, 1722, *in-*8. *v. porph.* = Lettre à M. Visconti sur la

Le Roux

aillard.

Louvard.

Le Roux

p

gab. Warie

528. Crus.

531. C. goe. am
532. Rol.

534. C.

536. Cou.

540. C.

p

Mlle Dubray

la même

Kilian

p

p

le Roux

547. Ivy. Rol.

Révolution arrivée en Suède, le 19 août 1772. *Stockholm*, 1773, *in-8. v. porph.* = Caractères et Anecdotes de la cour de Suède. *Paris*, 1792, *in-8. v. porph.*

539. Mémoires authentiques et intéressans des comtes Struensée et Brandt. *Londres*, 1789, *in-8. v. porph.*

540. Histoire des Evénemens mémorables du règne de Gustave III, roi de Suède, par d'Aguila. *Paris*, 1807, 2 *vol. in-8. br.*

541. Histoire de la dernière Révolution de Suède, trad. de l'angl. de Shéridan. *Londres*, 1783, *in-8. v. m.* = Histoire de l'Assassinat de Gustave III, roi de Suède. *Paris*, 1797, *in-8. v. porph.*

542. Tableau des Etats danois, par J. P. Catteau. *Paris*, 1802, 3 *vol. in-8. v. porph.*

543. Histoire de Danemarck, par Mallet. *Genève*, 1787, 9 *vol. in-12. v. éc.*

544. Lettres sur le Danemarck. *Genève*, 1758, 2 *tom. en 1 vol. in-8. v. porph.* = Mémoires de Hambourg, de Lubeck, de Danemarck, etc. *Amst.* 1736, *in-12. v. éc.*

545. Mémoires de Molesworth, dans lesquels on voit l'état du royaume de Danemarck, tel qu'il étoit en 1692. *Paris*, 1697, *in-8. v. rac.* = Thorn affligée, ou Relation de ce qui s'est passé dans cette ville depuis le 16 juillet 1724 jusqu'à présent, trad. de l'allemand de Jablonski. *Amst.* 1726, *in-12. fig. v. m.*

546. Mémoires pour servir à la connoissance de l'état actuel du royaume de Danemarck, par Schirach, trad. de l'allem. 1785, *in-12. v. éc.* = Mémoires d'une reine infortunée, (Caroline Mathilde.) *Rotterdam*, 1776, *in-12. v. éc.*

547. Histoire de la Laponie, sa description, etc. trad. du latin de Scheffer. *Paris*, 1678, *in-4. fig. v. f.*

548. Description abrégée des Mœurs des Samojèdes et des Lapons, en russe. *Saint-Pétersbourg*, 1788, *in*-8. *cart.*

549. Nouvelle Description de l'Islande, par Anderson, trad. de l'allemand. *Paris*, 1764, 2 *vol in*-12. *v. f.* = Histoire naturelle de l'Islande, du Groenland, etc. trad. de l'allemand d'Anderson. *Paris*, 1750, 2 *vol. in*-12. *fig. v. f.*

550. Lettres sur l'Islande, par de Troil, trad. du suédois par Lindblom. *Paris*, 1781, *in*-8. *fig. v. rac.* = Lettres sur le Portugal, par H. Rauque. *Paris*, *in*-8. *v. m.*

551. Description et histoire naturelle du Groenland, par Eggede. *Copenhague*, 1763, *in*-8. *fig. cart.*

Histoire de la Pologne, de la Russie, etc.

552. Les Fastes du royaume de Pologne et de l'empire de Russie, (par Contant d'Orville.) *Paris*, 1769, 2 *vol. in*-8. *v. éc.*

553. Histoire des Révolutions de Pologne, par l'abbé Desfontaines. *Amst.* 1735, 2 *tom. en* 1 *vol. in*-12. *v. m.* = Le Partage de la Pologne, en sept dialogues. *Londres*, *in*-12. *v. m.*

554. Histoire des Révolutions de Pologne, depuis la mort d'Auguste III jusqu'à l'année 1775, (par Joubert.) *Varsovie*, 1775, 2 *vol. in*-8. *v. m.*

555. Histoire de l'Anarchie de Pologne, par Rulhière. *Paris*, 1807, 4 *vol. in*-8. *v. m. pap. vélin*

556. Mémoires sur la Révolution de Pologne. *Paris*, 1806, *in*-8. *v. m.* = Coup d'œil rapide sur les causes de la décadence de la Pologne, par de Komarzewski. *Paris*, 1807, *in*-8. *v. m.* = Lettres particulières du baron de Vioménil sur les affaires de Pologne, en 1771 et 1772. *Paris*, 1808, *in*-8. *v. m.*

548. goe. xt
549. Rol.

Flamand

Mlle Dubray

Flamand

P.

Blaise j^r

Mlle Dubray

558. C. goe. x⁺ wor.   Simonnet.

559. goe. iz⁺

560. C. wor.

561. goe. i⁺

                                        francart.

563. C. wor. ✳

                                        Rey
                                        p.

566. C. wor.
567. C.
568. C.

557. Tableau historique de l'Empire de Russie, par H. Storch. *Basle*, 1801, 2 *vol. in-8. br.*

558. Notices historiques et topographiques sur la Russie, et principalement sur la ville de Vologda, en russe. *Saint-Pétersbourg*, 1780, *in-8. cart.*

559. Description de tous les Peuples de l'empire de Russie, avec leurs costumes, en russe. *Saint-Pétersbourg*, 1799, 4 *part. en* 2 *vol. in-4. br. en cart. fig. coloriées.*

560. Etat civil, politique et militaire de l'Empire de Russie, par Le Roy de Flagis. *Paris*, 1807, *in-8. v. éc.*

561. Histoire des anciens Peuples de la Russie, trad. de l'allemand en russe, par Dolinski. *Saint-Pétersbourg*, 1773, *in-8. v. éc.*

562. Histoire physique, morale, civile, etc. de la Russie, ancienne et moderne, par Le Clerc. *Paris*, 1783, 6 *vol. in-4. fig. v. éc.*

563. Remarques sur l'Histoire de la Russie de Le Clerc, en russe, par le général J. Boltinn. (*Saint-Pétersbourg*,) 1788, 2 *vol. in-4. br. en cart.*

564. Histoire de Russie, par P. C. Lévesque. *Hambourg*, 1800, 8 *vol. in-8. v. éc.*

565. Histoire des Révolutions de l'empire de Russie, par Lacombe. *Paris*, 1760, *in-8. v. éc.* = Histoire des Révolutions de l'empire de Maroc. *Amst.* 1731, *in-12. v. f.* = Relation de ce qui s'est passé dans le royaume de Maroc, depuis 1727-1737. *Paris*, 1742, *in-12. v. f.*

566. Mémoires sur l'Histoire de Russie, en russe. *Saint-Pétersbourg*, 1787, 6 *vol. in-8. v. éc.*

567. Histoire des troubles de Russie, en russe. *Moscou*, 1788, *in-8. v. éc.*

568. Miroir des Empereurs russes, par Thim. Malghin, en russe. *Saint-Pétersbourg*, 1794, *in-8. v. éc.*

569. Journal de Pierre-le-Grand, depuis l'année 1698 jusqu'à la paix de Neustadt, trad. du russe. *Berlin,* 1773, *in-4. cart.*

570. Journal de Pierre-le-Grand, depuis l'année 1698 jusqu'à 1714, trad. du russe. *Stockholm,* 1774, *in-8. v. éc.* = Considérations sur l'état de la Russie sous Pierre-le-Grand. *Berlin,* 1791, *in-8. v. éc.*

571. Couronnement de l'impératrice Élisabeth, en 1742, en russe. 1744, *in-fol. fig. br. en cart.*

572. Histoire ou Anecdotes sur la Révolution de Russie de l'année 1762, (par de Rhulières.) *Paris,* 1797, *in-8. cart.* = Dissertations sur les Antiquités de Russie, par Guthrie, trad. de l'angl. *Saint-Pétersbourg,* 1795, *in-8. fig. v. éc.*

573. Histoire de la vie, du règne et du détrônement d'Iwan III, empereur de Russie, en 1764. *Londres,* 1766, *in-12. v. éc.*

574. Description de Saint-Pétersbourg et de ses environs, par Georgi, trad. de l'allemand. *Saint-Pétersbourg,* 1793, *in-8. br.*

575. Description historique de la Grouzie, en russe. *Saint-Pétersbourg,* 1802, *in-8. br.* = Description abrégée des Carrières des montagnes de la Carylie russe, en russe. *Saint-Pétersbourg,* 1787, *in-8. cart.*

576. Description abrégée de la ville d'Azoff, jusqu'à sa réunion à l'empire de Russie, trad. de l'allemand par Taoubert, en russe. *Saint-Pétersbourg,* 1782, *in-8. v. éc.*

577. Anecdotes et Recueil de coutumes et de traits d'histoire naturelle particuliers aux différens peuples de la Russie. *Londres,* 1792, 6 *vol. in-12. cart.*

Histoire Orientale.

578. Bibliothéque orientale, par d'Herbelot. *Paris,* 1781, 6 *vol. in-8. br.*

§71. C. Wor.
§72. Con.

§73. Wor. ✗

§74. Mon. 3ª-25ˢ

§75. C. goe. aat
Wor.

§76. C.

Dufart.

8 Dec

580. C. Wor.   p.

                                                Dufart.

                                                idem

                                                Dufart.

585. Cou. *
586. Cou.

                                                m^lle Charpentier

                                                p.
                                                poley
                                                pillet.

591. C. gce. p+ Wor.
592. Wor.

579. Histoire des Sarrasins, trad. de l'anglois de S. Ockley. *Paris*, 1748, 2 *vol. in*-12. *v. m.*

580. Description abrégée de l'état ancien et moderne de la Porte-Ottomane, en russe. *Moscou*, 1787, *in*-8. *v. j.*

581. Histoire de l'état présent de l'Empire Ottoman, trad. de l'anglois de Ricaut, par Briot. *Paris*, 1670, *in*-4. *fig. v. porph.*

582. Etat actuel de l'Empire Ottoman, par Elias Abesci, trad. de l'anglois. *Paris*, 1792, 2 *vol. in*-8. *cart.*

583. Tableau historique, politique et moderne de l'empire Ottoman, trad. de l'anglois de W. Eton. *Paris, an VII*, 2 *vol. in*-8. *br.*

584. Histoire de l'Empire Othoman, par Demetrius Cantimir. *Paris*, 1743, 2 *vol. in*-4. *cart.*

585. Histoire de l'Empire Ottoman, par Mignot. *Paris*, 1771, 4 *vol. in*-12. *br. en cart.*

586. Abrégé chronologique de l'Histoire ottomane, par de La Croix. *Paris*, 1768, 2 *vol. in*-8. *br. en cart.*

587. Mœurs et usages des Turcs, leur religion, etc. par Guer. *Paris*, 1747, 2 *vol. in*-4. *fig. v. porph.*

588. Mémoires du baron de Tott sur les Turcs et les Tartares. *Amsterd. (Paris,)* 1784, 4 *vol. in*-8. *fig. cart.*

589. Le même ouvrage. *Amst.* 1785, 2 *vol. in*-4. *fig. cart. Pap. Vél.*

590. Lacédémone ancienne et nouvelle, par de La Guilletière. *Paris*, 1676, 2 *vol. in*-12. *fig. v. porph.*

591. Histoire de la Moldavie et de la Valachie, en russe. *Saint-Pétersbourg*, 1791, *in*-8. *v. éc.*

592. Histoire de la Moldavie et de la Valachie. *Jassy*, 1777, *in*-12. *v. m.* = Description de la Livonie. *Utrecht*, 1706, *in*-12. *v. b.*

593. Description historique et géographique de l'Archipel. *Neuwied*, 1789, *in-8. cart.* = Essai sur les isles de Zante, de Cerigo, etc. par Rulhiere. *Paris, an VII, in-8. v. m.*

Histoire de l'Asie.

594. Recherches philosophiques sur les Grecs, sur les Egyptiens et les Chinois, et sur les Américains, par de Pauw. *Berlin et Paris*, 1764, 1774 *et* 1788, 7 *vol. in-12. v. porph.*
Les 2 vol. sur les Égyptiens sont brochés.

595. Histoire générale des Huns, des Turcs, des Mogols et des autres Tartares occidentaux, par de Guignes. *Paris*, 1756, 5 *vol. in-4. v. m.*

596. Histoire générale des royaumes de Chypre, de Jérusalem, d'Arménie, etc. par Jauna. *Leide*, 1785, 2 *vol. in-4. fig. v. éc.*

597. Histoire philosophique et politique de l'établissement et du commerce des Européens dans les Deux-Indes, par G. T. Raynal. *Genève*, 1780, 5 *vol. in-4. dont un atlas, v. f. Pap. Fin.*

598. Recherches historiques sur la connaissance que les Anciens avoient de l'Inde, trad. de l'anglois de Robertson. *Paris*, 1792, *in-8. fig. br. Pap. Vél.*

599. Description historique et géographique de l'Indostan, par J. Rennell, trad. de l'anglois. *Paris*, 1800, 3 *vol. in-8. et atlas in-4. br. Gr. Pap.*

600. Parallèle de l'expédition d'Alexandre dans les Indes, avec la conquête des mêmes contrées par Thamas-Kouli-Khan, par de Bougainville. 1752, *in-8. br.* = Histoire de la dernière Révolution des états du Grand-Mogol, par F. Bernier. *Paris*, 1670, 4 *vol. in-12. v. f.*

601. Anciennes Relations des Indes et de la Chine, (par Renaudot.) *Paris*, 1718, *in-8. v. b.* = Lettres d'un missionnaire à Pékin, contenant di-

Dufart.

p

porquet.

poley

rouget..

593. C.brd.
nou. 4ᵗ-25

594. Tal.

595. goe. mit

598. Cou.

600. Wor.

601. chez.

girone

p.

p.

bos. Crus.

m^lle charpentier.

p.

gregoire

p.

verses questions sur la Chine. *Paris*, 1782, *in-8.*
v. m.

602. Histoire des Guerres de l'Inde, depuis l'année 1745, trad. de l'anglois. *Amst.* 1765, 2 *vol.*
in-12. v. porph. = Mémoires du colonel Law-
rence, contenant l'Histoire de la Guerre dans
l'Inde, entre les Anglois et les François, depuis
1750 à 1761. *Paris*, 1766, 2 *vol. in-12. v. m.*

603. Affaires de l'Inde, depuis le commencement
de la guerre avec la France en 1756 jusqu'à
1783, trad. de l'anglois. *Paris*, 1788, 2 *vol. in-8.*
br. = Lettres politiques, commerciales, etc. sur
l'Inde, par Dundas, trad. de l'anglois. *Paris*,
1801, *in-8. br.*

604. Evénemens intéressans relatifs aux provinces
de Bengale et à l'empire de l'Indostan, trad. de
l'anglois de Holwell. *Paris*, 1768, 2 *vol. in-8.*
v. éc. = Etat civil, politique et commerçant du
Bengale, trad. de l'anglois de Bolts, par Demeu-
nier. *La Haye*, 1775, 2 *vol. in 8. br.*

605. Histoire des Progrès et de la Chute de l'empire de Mysore, sous les règnes d'Hyder-Aly et
de Tippoo-Saib, par Michaud. *Paris*, 1801, 2 *vol.*
in-8. br. Gr. Pap.

606. Description de l'Arabie, et Voyage en Arabie,
par C. Niebuhr, avec les questions de Michaëlis.
Amst. 1774 *et* 1776, 4 *vol. in-4. fig. v. j.*

607. Les mêmes ouvrages. 4 *vol. in-4. fig. v. j.*
Gr. Pap.

608. Histoire des Arabes, avec la vie de Mahommed,
par de Boulainvilliers. *Amst.* 1731, *in-12. v. b.*
= La Vie de l'imposteur Mahomet, recueillie
des auteurs arabes, etc. *Paris*, 1699, *in-12. v. b.*

609. Histoire des Arabes, par l'abbé de Marigny.
Paris, 1750, 4 *vol. in-12. v. m.*

610. Recueil des Rits et Cérémonies du pèlerinage
de la Mecque, par Galland. *Paris*, 1754, *in-12.*

v. m. = Idée du Gouvernement ancien et moderne de l'Egypte. *Paris*, 1743, 2 *tom. en* 1 *vol. in-*12. *v. m.*

611. Description historique et géographique de l'Arménie, trad. de l'arménien de Chamirow, en russe, par Waganow. *Saint-Pétersbourg*, 1786, *in-*8. *br. en cart.*

612. Histoire des Rois de Chypre de la maison de Lusignan, trad. de l'italien de H. Giblet Cypriot. *Paris*, 1732, 2 *vol. in-*12. *v. f.*

613. Histoire de la Guerre de Chypre, trad. du latin de Gratiani, par Le Peletier. *Paris*, 1685, *in-*4. *v. éc.*

614. Histoire de Nader-Chah, trad. du persan, par W. Jones. *Londres*, 1790, *in-*4. *v. j.*

615. Histoire générale de l'Empire du Mogol, depuis sa fondation jusqu'à présent, par le P. Catrou. *Paris*, 1715, *in-*4. *fig. m. r.*

616. Histoire généalogique des Tatars, trad. du tartare d'Abulgasi-Bayadur-Chan. *Leyde*, 1726, 2 *vol. in-*12. *fig. v. b.*

617. Histoire de la Sibérie, par Fisher, trad. de l'allemand en russe. *Saint-Pétersbourg*, 1774, *in-*4. *v. éc.*

618. Description générale de la Chine, par M. l'abbé Grosier. *Paris*, 1787, 2 *vol. in-*8. *fig. cart.*

619. Mémoires concernant l'Histoire, les Sciences, les Arts et les Mœurs des Chinois, par le P. Amyot et autres missionnaires de Pékin. *Paris*, 1776, 15 *vol. in-*4. *v. morph.*

620. Histoire et Description générale du Japon, par le P. de Charlevoix. *Paris*, 1736, 2 *vol. in-*4. *fig. dem. rel. Gr. Pap.*

621. Histoire abrégée du royaume du Japon, en russe. *Moscou*, 1773, *in-*8. *v. éc.*

622. Description de l'isle Formosa en Asie. *Amst.* 1705, *in-*12. *fig. v. m.* = Histoire de la Con-

Wor. *
611. C. goe. dz⁺

Merlin

giroux

Cabitte.

Merlin

616. goe. aa⁺

617. C. goe. i⁺

p.

pierre

pierre

p.

621. C. Wor. *

giroud.

Charlard.

626. Cou. *

martin

p.
benois

ajouté les amours d'ânes cloujod, brochard   giroud.
gr. pap. velin

merlin

p.

giroux
Rey

queste de la Chine par les Tartares, par de Pa-
lafox, trad. de l'espagnol. *Amst.* 1723, *in-*12.
dem. rel.

623. Histoire naturelle, civile et politique du Ton-
quin, par l'abbé Richard. *Paris*, 1778, 2 *vol.*
*in-*12. *br. en cart.*

624. Histoire de la Conquête des isles Moluques
par les Espagnols, etc. trad. de l'espagnol d'Ar-
gensola. *Amst.* 1706, 3 *vol. in-*12. *fig. v. j.*

625. Relation des isles Pelew, par G. Keate, trad.
de l'anglois. *Paris*, 1788, *in-*4. *fig. v. m.*

Histoire de l'Afrique et de l'Amérique.

626. Histoire de l'Afrique et de l'Espagne sous la
domination des Arabes, par Cardonne. *Paris*,
1765, 3 *vol. in-*12. *cart.*

627. Description de l'Egypte, par Maillet, publiée
par Le Mascrier. *Paris*, 1735, *in-*4. *v. m.*

628. La même. *La Haye*, 1740, 2 *vol. in* 12. *fig. cart.*

629. L'Égypte ancienne, ou Mémoires historiques
et critiques sur l'histoire des Égyptiens, par
d'Origny. *Paris*, 1762, 2 *vol. in-*12. *v. éc.*

630. Lettres sur l'Égypte, par Savary. *Paris*, 1798,
3 *vol. in-*8. *cart. fig. Gr. Pap. Vél.* = Lettres
sur la Grèce, par le même. *Paris*, 1798, *in-*8.
v. porph. Gr. Pap. Vél.

631. Mémoires pour servir à l'Histoire des expédi-
tions en Égypte et en Syrie, pendant les années
VI, VII et VIII, par J. Miot. *Paris*, 1804, *in-*8.
br. Pap. Vél.

632. Description historique et géographique des
plaines d'Héliopolis et de Memphis, par Fourmont. *Paris*, 1755, *in-*12. *fig. v. f. dent.*

633. Relation historique d'Abissinie, par le P. Jér.
Lobo. *Paris*, 1728, *in-*4. *fig. v. m.*

634. Recherches historiques sur les Maures, et

Histoire de l'empire de Maroc, par de Chenier.
Paris, 1787, 3 vol. in-8. cart.

635. Renseignements authentiques sur Alger, en
russe, publiés par Théod. Toumanski. Saint-
Pétersbourg, 1787, in-8. br. en cart.

636. Histoire de Loango, Kakongo, et autres
royaumes d'Afrique, par l'abbé Proyart. Paris,
1776, in-12. cart. = Essai sur l'Histoire naturelle du Chili, par Molina, trad. de l'ital. Paris,
1789, in-8. cart.

637. Description du Cap de Bonne-Espérance, par
Kolbe. Amst. 1741, 3 vol. in-12. fig. dem. rel.

638. Essai sur les Isles Fortunées et l'antique Atlantide, ou Précis de l'histoire de l'archipel des
Canaries, (par Bory de Saint-Vincent.) Paris,
an XI, in-4. fig. br. Gr. Pap.

639. Recherches historiques et géographiques sur
le Nouveau-Monde, par Scherer. Paris, 1777,
in-8. v. porph. = Histoire des Désastres de Saint-
Domingue. Paris, 1795, in-8. v. porph.

640. Mœurs des Sauvages américains, comparées
aux mœurs des premiers temps, par le P. Lafitau.
Paris, 1724, 2 vol. in-4. fig. v. b.

641. Histoire de l'Amérique, par Robertson, trad.
de l'anglois. Paris, 1778, 2 vol. in-4. v. porph.

642. Histoire admirable des horribles insolences,
cruautés, etc. exercées par les Espagnols aux
Indes occidentales, trad. de l'espagnol de Barthél.
de Las Casas. 1582, in-12. v. b.

643. Histoire des Découvertes et Conquêtes des
Portugais dans le Nouveau-Monde, par le P. Lafitau. Paris, 1733, 2 vol. in-4. fig. v. m.

644. Histoire des Aventuriers flibustiers, par A. Ol.
Oexmelin. Trévoux, 1744, 4 vol. in-12. v. m.

645. Histoire des Incas, rois du Pérou, trad. de
l'espagnol de l'inca Garcilasso de La Vega. Amst.

Rohannet.

Francart.

Rey

Rey

Simonnet.

il manque les cartes.

635. C. Wor. *

636. Wor.

638. Wor.

640. Dry.

642. Dry. Wor

643. Dry.

644. Crus.

645. Dry.

p.

juin.

Cauchette.

649. Wor.

Antoine

juin.

Martin

~~Bugard~~.

juil.

idem

giron

Cauchette.

1737, 2 *vol. in-4. fig. de B. Picart. v. j. Gr. Pap.*

646. Histoire naturelle, civile, etc. de l'Orénoque, par le P. J. Gumilla, trad. de l'espagnol. *Paris*, 1758, 2 *vol. in-12. fig. v. m.*

647. Mémoires pour servir à l'Histoire de Cayenne et de la Guiane françoise, par Bajon. *Paris*, 1777, 2 *vol. in-8. fig. v. porph.*

648. Histoire naturelle de la Hollande équinoxiale, ou Description de la colonie de Surinam, par Fermin. *Amst.* 1765, *in-8. br.*

649. Description générale, historique, etc. de la colonie de Surinam, par Ph. Fermin. *Amst.* 1769, 2 *vol. in-8. fig. v. j.*

650. Histoire de la Conquête de la Floride, trad. de l'espagnol de Garcilasso de La Vega. *Paris*, 1709, 2 *vol. in-12. v. f.*

651. Histoire naturelle et morale des îles Antilles de l'Amérique, par de Rochefort. *Roterdam.*, 1658, *in-4. fig. vél.*

652. Réflexions sur la colonie de Saint-Domingue. *Paris*, 1796, 2 *vol. in-8. v. porph.*

653. Recherches historiques et politiques sur les États-Unis de l'Amérique. *Paris*, 1788, 4 *vol. in-8. v. porph. Gr. Pap.*

654. Histoire naturelle de la Californie, trad. de l'anglois. *Paris*, 1767, 3 *vol. in-12. v. m.*

655. Histoire de la Virginie, trad. de l'anglois. *Amst.* 1707, *in-12. fig. v. f.* = Lettres et Mémoires pour servir à l'histoire naturelle et civile du Cap Breton. *La Haye*, 1760, *in-12. v. m.*

Antiquités.

656. Dissertations historiques et critiques sur la Chevalerie ancienne et moderne, par le père Honoré de Sainte-Marie. *Paris*, 1718, *in-4. v. j.*

657. Mémoires pour servir à l'Histoire de la Religion secrète des anciens peuples, ou Recherches

sur les mystères du Paganisme, par le baron de Sainte-Croix. *Paris*, 1784, *in-8. br.*

658. Histoire du Commerce et de la Navigation des anciens, par Huet. *Lyon*, 1763, *in-8. v. f. Gr. Pap.*

65g. Essai sur la Marine des anciens, par Deslandes. *Paris*, 1768, *in-12. fig. v. m.* = Traité des Festins, par Muret. *Paris*, 1682, *in-12. v. b.*

660. Les Navires des anciens considérés par rapport à leurs voiles, etc. par Le Roy. *Paris*, 1783, *in-8. fig. br.* = Nouvelle voilure proposée pour les vaisseaux de toute grandeur, par D. Le Roy. *Paris, an x, in-8. fig. br.* = Nouvelles recherches sur le vaisseau long des anciens, par le même. *Paris*, 1786, *in-8. fig. br.*

661. Du Culte des Dieux fétiches, ou Parallèle de l'ancienne religion de l'Égypte avec la religion actuelle de Nigritie, (par le présid. De Brosses.) 1760, *in-12. v. j.* = Lettres sur l'origine des anciens Dieux ou Rois d'Égypte. *Paris*, 1712, *in-12. vél.*

662. Essai sur les Hiéroglyphes des Égyptiens, trad. de l'anglois de Warburton. *Paris*, 1744, 2 *vol. in-12. fig. v. m.*

663. Essai sur la Religion des anciens Grecs, (par Le Clerc de Septchenes.) *Genève*, 1787, 2 *tom.* en 1 *vol. in-8. cart.*

664. La Religion des Gaulois tirée des plus pures sources de l'antiquité, (par dom Jacques Martin.) *Paris*, 1727, 2 *vol. in-4. fig. v. f. Gr. Pap.*

665. Histoire des rois de Thrace et de ceux du Bosphore Cimmérien, éclaircie par les médailles, par Cary. *Paris*, 1752, *in-4. fig. v. éc.* = Histoire de Carausius, empereur de la Grande-Bretagne, prouvée par les médailles, par Genebrier. *Paris*, 1740, *in-4. fig. v. f.*

Cauviette -

Merlin

juin.

Martin

juin.

Mequignon j.

planche

juil.

669. Tal.

avec d'autres catalogues, celui d
mérigot &c.

Cordier.
giroux
p.
giroux
ricart.
antoine
antoine
p.

Histoire littéraire. Bibliographie.

666. Lettres sur l'origine des Sciences et Lettres sur l'Atlantide de Platon, par J. S. Bailly. *Paris,* 1777, 2 *vol. in-8. br.* = Essai sur les Fables et sur leur histoire, par le même. *Paris,* 1798, 2 *vol. in-8. br.*

667. Bibliographie instructive, par G. F. De Bure le Jeune. *Paris,* 1763, 7 *vol. in-8. v. m.* = Catalogue de Gaignat, par le même. *Paris,* 1769, 2 *vol. in-8. v. m.* = Table des Anonymes, par M. Née de La Rochelle. *Paris,* 1782, *in-8. v. m.*

668. Dictionnaire bibliographique, historique et critique des livres rares, etc. par Cailleau et M. Brunet. *Paris,* 1790, 4 *vol. in-8. v. m.*

669. Dictionnaire portatif de bibliographie, par F. I. Fournier. *Paris,* 1805, *in-8. v. m.*

670. Catalogue des Livres rares et précieux de feu M. Gouttard. *Paris, G. De Bure,* 1780, *in-8. v. m.*

671. Catalogue des Livres de la bibliothéque du duc de La Vallière, par G. De Bure. *Paris,* 1783, 3 *tom. en* 4 *vol. in-8. v. m. avec les prix imprimés.*

672. Catalogue du duc de La Vallière, seconde partie. *Paris, Nyon aîné,* 1788, 6 *vol. in-8. v. m.*

673. Catalogue des Livres de la bibliothéque de M. de Lamoignon. *Paris,* 1791, 3 *vol. in-8. v. m.*

674. Catalogue des Livres de la bibliothéque de M. de Mirabeau. *Paris,* 1791, *in-8. v. m. avec les prix imprimés.*

675. Catalogue des Livres de la bibliothéque de M. l'Héritier. *Paris, De Bure,* 1802, *in-8. v. m.* = Catalogue des livres de Bonnier. *Paris, an VIII.* = De M. Le Pelletier de Saint-Fargeau. *Paris,* 1801, *in-8. v. m.*

676. Catalogue des Livres de la bibliothéque de M. Méon. *Paris,* 1803, *in 8. br. Pap. de Holl.* dont il n'a été tiré que douze.

677. Catalogue des Livres de la bibliothéque de A. B. Caillard. *Paris, De Bure frères*, 1808, *in-8. cart. Gr. Pap.*

Biographie, etc.

678. Histoire des Femmes depuis la plus haute antiquité jusqu'à nos jours, par Cantwell, trad. de l'anglois. *Paris*, 1794, 4 *vol. in-12. v. f.*

679. La Vie d'Apollonius de Tyane, par Philostrate, trad. en françois. *Amst.* 1779, 4 *vol. in-12. br.*

680. La Vie de Mahomet, compilée de l'Alcoran, par J. Gagnier. *Amst.* 1732, 2 *vol. in-12. v. m.*

681. La Vie de César Borgia, fils du pape Alexandre VI, trad. de l'italien de Tomasi. *La Haye*, 1736, 2 *vol. in-12. v. m.*

682. Vie de Turgot, (par Condorcet.) *Londres*, 1786, *in-8. br. en cart. Gr. Pap.*

683. Vie de Voltaire. *Genève*, 1786, *in-8. br.*

684. Vies des Gouverneurs généraux, avec l'abrégé de l'Histoire des Établissemens hollandois aux Indes orientales, par Du Bois. *La Haye*, 1763, *in-4. fig. v. j. Gr. Pap.*

685. Histoire de la Vie de Corneille et Jean de Witt. *Utrecht*, 1709, 2 *vol. in-12. fig. v. b.*

686. Histoires diverses d'Élien, trad. du grec, par M. Dacier. *Paris*, 1772, *in-8. v. éc.*

687. Histoire des plus illustres Favoris anciens et modernes, (par Dupuy.) *Leyde, Elzevier*, 1659, *in-4. dem. rel.*

688. La Chronique des Favoris. *In-8. v. f.*

678. Nor.

antoine

martin
Le Roux
martin

Cassette.

p.

686. Cou.

Blaire j.

Le Roux

girou

Laloy

avec 3 vol. i.2 12 depuis
De Buffon

Chinot.
Bonhomme
P.
Le Roux
P.
ygonette
P.

SUPPLÉMENT.

1. Pandectæ Justinianeæ in novum ordinem di- *36.*
gestæ, a R. J. Pothier. *Lugduni, 1782, 3 vol.
in-fol. br.*
Il manque au tome III la feuille C de la table.

2. Etudes de la Nature, par J. H. Bernardin de *9.*
Saint-Pierre. *Paris, 1786, 4 vol. in-12. fig. bas.*

3. Dictionnaire des Merveilles de la nature, par *1--80.*
Sigaud de Lafond. *Paris, 1790, 2 vol. in-8. br.*

4. Recueil d'Estampes connu sous le nom de Ca- *55--5.*
binet de Crozat. *Paris, I. R. 1729, in-fol. atlant.
en feuilles, renfermé dans un portefeuille.*
Parmi les 140 estampes numérotées, et dont les descriptions
sont imprimées, il manque les numéros 21, 50, 62, 98, 99,
101, 102, 106 et 123.
Toutes les estampes d'après Raphaël s'y trouvent, à l'excep-
tion du numéro 21.
Il manque en outre 19 estampes sur les 42 qui ne portent
point de numéros; ce qui fait en tout 28 estampes qui man-
quent. Cet exemplaire est d'anciennes épreuves.

5. Dictionnarium universale latino-gallicum. *Ro- *2--45.*
thomagi, 1789, in-8. rel. en parch.*

6. Dictionnaire françois-latin, par Joubert. *Lyon, *1--75.*
1745, in-4. v. m.*

7. Dictionnaire de l'Académie Françoise. *Nismes, *16--20.*
1778, 2 vol. in-4. bas.*

8. Chef-d'œuvres de P. et Th. Corneille. *Londres, *7--30.*
1786, 5 vol. in-18. v. éc.*

9. Œuvres de Molière, avec les remarques de Bret. *12--60.*
Paris, 1778, 8 vol. pet. in-12. v. m.

10. Les Mille et une Nuits, contes arabes, trad. *6--5.*
par Galland. *Genève, 1790, 9 vol. in-12. br.*

11. Les Amours pastorales de Daphnis et Chloé, trad. *3.*

151..20.

du grec de Longus par J. Amyot. *Londres*, 1780,
*in-*18. *v. éc.* == Œuvres complètes de Bernard.
(*Cazin*,) *in-*18. *v. éc.*

12. Le Compère Mathieu, (par Du Laurens.) *Paris,*
1793, 4 *vol. in-*18. *v. éc.*

13. Éloge de la Folie, trad. du latin d'Erasme, par
Gueudeville. 1757, *in-*12. *fig. v. éc.*

13 *bis.* Herapollinis hieroglyphica, gr. et lat. cur.
J. C. de Pauw. *Traj. ad Rhen.* 1727, *in-*4. *v. rac.*

14. Œuvres complètes de Rollin. *Paris, J. F. Bas-*
tien, 1807, 60 *vol. in-*8. *et atlas in-*4. *br.*

15. Œuvres de Voltaire. *Kehl, de la Société litté-*
raire typographique, 1785, 40 *vol. in-*8. *br. Pap.*
à 6 *fr. savoir : les tomes* 10, 16-25, 27-29, 42,
43, 45-49, 52-70.

Ces volumes renferment les ouvrages suivans : La Henriade,
l'Essai sur les Mœurs et l'Esprit des nations, les siècles de
Louis XIV et de Louis XV, l'Histoire de Charles XII, de
Pierre Ier, les Annales de l'Empire, les Mélanges historiques,
les Romans, Politique et Législation, les Mélanges littéraires,
la Correspondance complète, et la Vie de Voltaire.

16. Œuvres philosophiques, historiques et littéraires de D'Alembert. *Paris, J. F. Bastien*, 1805,
18 *vol. in-*8. *br.*

17. Dictionnaire géographique portatif, trad. de
l'anglois de L. Eschard, par Vosgien. *Paris,*
1784, *in-*8. *v. m.*

18. Collection de Cartes géographiques des différentes parties du monde, par Mercator, Nollin,
Janson, Blaeu, Defer, Delisle, Jean Speed, San-
son, et autres célèbres géographes, ainsi que du
Dépôt de la Marine.

Cette superbe Collection, composée de près de deux mille deux
cents cartes, est de la plus belle conservation ; elles sont presque toutes collées à châssis avec le plus grand soin ; beaucoup
sont parfaitement coloriées ; le tout est renfermé dans dix-
neuf boîtes, en forme de portefeuilles.

Elle a été formée par M. le duc de Mortemart. On voit sur

p.

p.

chimor

n   13 bis. Rol.

retini saw trchen a 120

truchy

p.

p:

girouc

p:

Dufart.

Laloy
idem

porquet.

pellet.

p:

Dufart.

p:

p:

chinot.

presque toutes les cartes, en caractères moulés : Du Cabinet
de M. le duc de Mortemart.

    Il seroit très-difficile de former une pareille Collection, qui
a dù coûter beaucoup de soins et de dépenses.

† 19. Carte de France, par J. B. de La Fosse. *Paris,*
1787, collée sur toile, dans un étui. = Nouvelle
Carte de la Suisse. *Basle, Ch. de Mechel,* 1799,
coloriée et collée sur toile, dans un étui.

m 19 *bis.* Thesaurus temporum Eusebii Pamphili,
gr. et lat. ed. J. J. Scaligero. *Lugd. Bat.* 1606,
in-fol. bas.

† 20. Tableau de l'Histoire moderne, par de Mehégan.
Paris, 1778, 3 *vol. in-12. bas.*

† 21. Histoire moderne des Chinois, des Japo-
nais, etc. (par de Marsy.) *Paris,* 1755, 30 *vol.*
in-12. v. m.

† 22. L'Espion dans les Cours des princes chrétiens.
Cologne, 1731, 6 *vol. in-12. v. b.*

† 23. Histoire des chevaliers de Malthe, par de Vertot. *Paris,* 1778, 7 *vol. in-12. v. m.*

† 24. Histoire ancienne, par Rollin. *Paris,* 1769,
14 *vol. in-12. v. m.*

† 25. L'Expédition de Cyrus, trad. du grec de Xéno-
phon, (par de La Luzerne.) *Paris,* 1778, 2 *vol.*
in-12. v. m.

† 26. Histoire romaine, par Rollin. *Paris,* 1769,
16 *vol. in-12. v. m.*

† 27. La République romaine, par de Beaufort. *Pa-*
ris, 1767, 6 *vol. in-12. bas.*

† 28. Histoire des Empereurs romains, par Crevier.
Paris, 1749, 12 *vol. in-12. v. m.*

† 29. Discours et Réflexions critiques sur le gouvernement de l'ancienne Rome, (trad. de l'anglois
de Hook.) *Paris,* 1784, 3 *vol. in-12. v. j.*

† 30. Histoire de France, par Velly, avec l'avant
Clovis, par Laureau. *Paris,* 1775, 32 *vol. in-12.*
v. m.

31. Abrégé chronologique de l'Histoire de France, †
par le président Hénault, avec la suite. *Paris,*
1775, 5 *vol. pet. in-8. v. éc.*

32. Elémens de l'Histoire de France, par Millot. †
Paris, 1783, 3 *vol. in-12. v. m.*

33. L'Esprit de la Ligue, par Anquetil. *Paris,* 1783, †
3 *vol. in-12. v. m.*

34. L'Intrigue du Cabinet sous Henri IV et Louis XIII, †
par Anquetil. *Paris,* 1780, 4 *vol. in-12. bas.*

35. L'Esprit de la Fronde, (par de Mailly.) *Paris,* †
1772, 5 *vol. in-12. v. m.*

36. Louis XIV, sa Cour et le Régent, par Anquetil. †
Paris, 1789, 4 *vol. in-12. bas.*

37. Mémoires secrets sur les Règnes de Louis XIV †
et de Louis XV, par Duclos. *Paris,* 1791, 2 *vol.*
in-8. bas.

38. Guide des Amateurs et des Étrangers à Paris, †
par Thierry. *Paris,* 1787, 2 *vol. in-12. fig. bas.*

39. Histoire des Révolutions d'Espagne, par le †
père d'Orléans. *Paris,* 1734, 3 *vol. in-4. v. m.*

40. Histoire de Charles-Quint, trad. de l'anglois †
de Robertson. *Paris,* 1771, 6 *vol. in-12. v. m.*

41. Histoire des Révolutions d'Angleterre, par le †
P. d'Orléans. *Paris,* 1767, 4 *vol. in-12. bas.*

42. Histoire des Révolutions de Suède et de Portu- †
gal, par de Vertot. *Paris,* 1778, 3 *vol. in-12. bas.*

43. Histoire de l'Empire Ottoman, par Mignot. †
Paris, 1771, 4 *vol. in-12. bas.*

44. Histoire de la Conqueste du Mexique, trad. de †
l'espagnol de Solis. *Paris,* 1691, *in-4. fig. bas.*

45. La même. *Paris,* 1730, 2 *vol. in-12. fig. v. m.* †

46. Histoire de la Découverte et de la Conqueste †
du Pérou, trad. de l'espagnol d'Aug. de Zarate.
Paris, 1774, 2 *vol. in-12. v. m.*

47. Histoire littéraire des Troubadours, par Millot. †
Paris, 1774, 3 *vol. in-12. v. m.*

simonnet.

la Loy

p.

ygonet

antoine

martin

parquet.

p.

ygonette

idem

parquet.

antoine

idem

p.

33. Lie.

34. Rol. Lie.

36. Lie.

gab-wari͜o

potzy.

gab-wari͜o

i͞ocm͜o

48. Histoire de Louis de Bourbon, prince de Condé, par Desormeaux. *Paris*, 1768, 4 *vol. in-12. v. m.*

49. Histoire de la maison de Montmorency, par Desormeaux. *Paris*, 1764, 5 *vol. in-12. v. m.*

5o. Vie du maréchal de Villars, publiée par Anquetil. *Paris*, 1784, 4 *vol. in-12. v. m.*

51. Nouveau Dictionnaire historique, par L. M. Chaudon et F. A. Delandine. *Lyon*, 1804, 13 *vol. in-8. v. rac. dent.*

FIN.

LIVRES NOUVEAUX,

Chez DE BURE Frères, Libraires du Roi et de la Bibliothéque du Roi.

Deux Lettres à mylord comte d'Aberdeen, sur l'authenticité des Inscriptions de Fourmont; par M. Raoul Rochette, de l'Académie des Inscriptions et Belles-Lettres, conservateur du Cabinet des Médailles de la Bibliothéque du Roi, etc. *Paris, de l'Impr. Roy.* 1819, *in-4. br. avec 4 planch.*   6 fr.

Nicetæ Eugeniani Narrationes amatoriæ, et Constantini Manassis Fragmenta, edidit, vertit atque notis instruxit Jo. Fr. Boissonnade. *Parisiis*, 1819, 2 *vol. in-12. br.*........ 15 fr.

Pour paraître le 1er *septembre prochain.*

Pend-Namèh, ou le Livre des Conseils de Férid-Eddin Attar, en persan et en françois, traduit et publié par M. le baron Silvestre de Sacy. *Paris, de l'Impr. Roy.* 1819, *in-8.*

Recueil de Dissertations sur différens sujets d'Antiquité, par
M. Quatremère de Quincy. *Paris*, *de l'Impr. Roy.* 1819,
1 *vol. gr. in-4. Pap. Vél. avec* 6 *planches, dont* 2 *coloriées*,
br... 36 fr.
Les six Dissertations qui forment ce volume sont extraites des nouveaux Mémoires de l'Académie des Inscriptions ; il n'en a été imprimé de
ce format que 5o exemplaires, pour lesquels on a colorié avec soin
2 grandes planches.

———

On trouve chez les mêmes Libraires les ouvrages
suivans de M. Quatremère de Quincy.

Le Jupiter Olympien, ou l'Art de la Sculpture antique en or
et en ivoire. *Paris*, 1815, *gr. in-fol. fig. color. cart.* 200 fr.

Lettres sur le Projet d'enlever les Monumens de l'Italie, nouvelle édition. *Rome*, 1815, *gr. in-8. br.* == Considérations
morales sur la destination des Ouvrages de l'art. *Paris*,
1815, *gr. in-8. br.*............................. 4 fr. 5o c.
— Le dernier ouvrage séparément.................... 2 fr.

Lettres écrites de Londres à Rome, et adressées à M. Canova ;
sur les marbres d'Elgin, ou les Sculptures du Temple de
Minerve à Athènes. *Rome*, 1818, *gr. in-8. br. Pap. Vél.* 7 fr.
— Le même. *Papier ordinaire*...................... 5 fr.
Il n'a été tiré de ce dernier ouvrage qu'un très-petit nombre d'exem-
plaires.

———

DE L'IMPRIMERIE DE CRAPELET.

9 782329 138756